L'ABBÉ

MENESTREL

CHANOINE HONORAIRE

Curé-Doyen de Plombières-les-Bains

Par l'Abbé THOMASSIN

CHANOINE HONORAIRE

Curé du Val-d'Ajol

ABBEVILLE

C. PAILLART, IMPRIMEUR-ÉDITEUR

1898

L'ABBÉ MENESTREL

CHANOINE HONORAIRE

Curé-Doyen de Plombières-les-Bains

L'ABBÉ

MENESTREL

CHANOINE HONORAIRE

Curé-Doyen de Plombières-les-Bains

Par l'Abbé THOMASSIN

CHANOINE HONORAIRE

Curé du Val-d'Ajol

ABBEVILLE

C. PAILLART, IMPRIMEUR-ÉDITEUR

—

1898

J'offre ces pages, écrites trop à la hâte dans les rares et courts loisirs d'un ministère absorbant, aux anciens paroissiens de M. l'abbé Menestrel, à son frère et à sa sœur, à ses amis, aux hôtes de la saison, à tous ceux — et ils sont nombreux — qui l'ont connu et vénéré.

Je les offre aussi à mes bien-aimés paroissiens du Val-d'Ajol, dont beaucoup ont été à même d'apprécier le noble caractère et le zèle tout apostolique du curé de Plombières.

Je ne m'en défends pas, c'est le cœur surtout qui les a dictées. Mais le cœur, ici, n'a égaré ni l'esprit ni le jugement.

Puissent-elles contribuer à conserver longtemps parmi nous la mémoire d'un homme qui fut un saint prêtre, un pasteur incomparable, un apôtre intrépide, et un ami charmant autant que fidèle.

De telles vies portent avec elles un grand enseignement. Il eût été dommage de laisser perdre celui-ci, mais il serait à souhaiter qu'il fût présenté avec plus d'autorité et d'éloquence.

Cette étude est surtout l'histoire d'une âme exceptionnellement belle. Telle quelle, j'espère qu'elle pourra faire quelque bien, et c'est ce qui m'a déterminé à la laisser publier.

Je dois un hommage de reconnaissance à ceux qui m'ont encouragé et aidé, particulièrement à M. l'abbé

Cunin, curé de Ruaux, et à M. l'abbé Blanpied, curé de Bellefontaine, dont les notes m'ont été d'un précieux secours. Les papiers du défunt et mes propres souvenirs m'ont aussi fourni une ample et riche moisson.

J'aime à croire que ceux qui ont intimement connu l'abbé Menestrel trouveront le portrait ressemblant; c'est toute mon ambition, et ce sera ma plus enviable récompense.

Le Val-d'Ajol, saint jour de Pâques, 10 avril 1898.

L'Abbé MENESTREL

CHANOINE HONORAIRE

Curé-Doyen de Plombières-les-Bains

I

La Famille. – L'Enfant. – Le Collégien.

Le 29 novembre 1840, M. Jean-François-Eusèbe Menestrel, propriétaire et négociant à Martigny-les-Lamarche (1), épousait à Bruyères Mademoiselle Marie-Anne-Rosalie Thiébault. Ce mariage, amené par des circonstances assez inattendues, unissait deux familles qui ne se connaissaient que de la veille, mais entre lesquelles régnait une communauté parfaite de sentiments religieux.

Les nouveaux époux s'établirent à Martigny, où le mari avait un commerce de fer et de planches. Leur maison, agrandie et transformée, est devenue dans la suite un hospice de vieillards confié aux Sœurs de la Doctrine Chrétienne de Nancy.

La famille Menestrel a joué un rôle modeste mais honorable dans le pays de Lamarche. Elle était apparentée ou liée aux Magnien, aux Lemolt, aux Lepaige; deux de ces derniers servirent de témoins au mariage.

(1) Aujourd'hui Martigny-les-Bains, petite station minérale de création encore récente, mais qui paraît appelée à un bel avenir, à côté de ses aînées, Contrexéville et Vittel.

M. Menestrel père fut maire de Martigny, et son fils lui succéda dans ces fonctions. Ils étaient l'un et l'autre les principaux représentants du parti conservateur et catholique dans cette localité, et les soutiens des Frères qu'ils avaient appelés, vers 1850, à la tête de l'école communale.

Un membre de cette famille, avocat ou homme de loi à Frain pendant la Révolution, a laissé quelques traces dans l'histoire de ce temps. Le 17 avril 1793, à la suite d'une perquisition opérée à la poste, le district de Lamarche découvrit avec horreur qu'il était abonné à un journal aristocratique, la *Gazette Française* (1). Il n'en fallait pas tant au district épouvanté pour ordonner la saisie de la feuille « fanatique » et « incendiaire, » l'inscription du malheureux sur la liste des supects, et une perquisition sévère à la suite de laquelle on lui enleva ses armes.

Plus tard cependant les autorités se relâchèrent de leurs rigueurs, et confièrent même à M. Menestrel quelques missions administratives, dont il s'acquitta avec autant de zèle que d'intelligence.

Un autre Menestrel, de Serécourt, occupa des fonctions dans le district même pendant un temps assez long. Il était sans doute parent rapproché de celui qui est la gloire de cette famille, et dont nous ne pouvons omettre de rappeler le nom et la mémoire dans la biographie de son arrière-cousin.

Né à Serécourt en 1749, ordonné prêtre en 1773, l'abbé Jean-Baptiste Menestrel commença son ministère par le vicariat de Hagécourt, puis en vertu d'un brevet de joyeux avènement, fut honoré du titre de Chanoine de l'insigne Eglise collégiale des Dames de Remiremont.

(1) Je pense que dans son trouble le secrétaire du district a mal lu, et qu'il s'agit tout simplement de la *Gazette de France*. Ce fait est consigné tout au long dans les registres du district de Lamarche, déposés aux Archives départementales des Vosges.

C'était, au témoignage de ses contemporains, un ecclésiastique très distingué, d'une noble figure, d'un excellent caractère et d'un esprit charmant. « Sa physionomie, dit l'un d'eux (1), était belle, grave et imposante. Son temps se partageait ordinairement entre la société de quelques Dames du Chapitre, d'un vrai mérite, et trois ou quatre amis dont il faisait les délices. Il menait une vie sobre et frugale, et distribuait en secret une partie de ses revenus aux pauvres. » Mais ces qualités, qui lui auraient concilié en d'autres temps l'affection et le respect, ne le désignèrent que plus sûrement aux fureurs jacobines. Comme il n'avait pas voulu prêter les serments impies exigés par la Révolution, il fut arrêté dans son lit quoique malade d'une fièvre bilieuse, le 29 avril 1793, jeté en prison, puis transféré à Epinal, et bientôt acheminé sur Rochefort, où l'on entassait de tous les points de la France une foule de prêtres insermentés condamnés à des souffrances plus cruelles que la mort. Après avoir été interné sur le *Washington*, le chanoine Menestrel dut bientôt passer sur l'*Indien* qui servait d'hôpital à ces malheureux voués presque tous à une lente consomption. C'est là qu'il expira le 16 août 1794, couvert de plaies et rongé de vers. Au pieux confrère qui essayait d'alléger ses souffrances en râclant cette vermine avec un éclat de bois : « Laissez, laissez-les me dévorer, disait-il, ne voyez-vous pas que vous prolongez mon martyre ? » Ses restes reçurent la sépulture dans l'île d'Aix, où ils reposent encore mêlés aux ossements d'une multitude de martyrs.

Est-ce téméraire de penser que ce généreux sacrifice d'un confesseur de la foi n'a pas été sans influence sur la vocation sacerdotale et religieuse de deux enfants de son nom et de son sang, près de quatre-vingts ans plus tard ?

(1) Voir Remiremont, par l'abbé Didelot, p. 418 et 432.

Si la famille maternelle du futur curé de Plombières n'offrait pas de ces gloires du passé, on y voyait en revanche deux personnalités remarquables à divers titres, et toutes deux d'un relief puissant. Nous voulons parler du père et du frère de la jeune Madame Menestrel.

De celui-ci, prêtre, et, lors du mariage à la conclusion duquel il ne fut pas étranger, directeur et l'un des fondateurs du collège de Lamarche, je ne dirai rien présentement, me réservant de revenir à lui au fur et à mesure que le cours de cette biographie ramènera son nom sous ma plume.

M. Thiébault le père est une figure très originale qui mériterait les honneurs d'un crayon à part. Il s'est peint lui-même au naturel dans des *Souvenirs de famille* qui constituent pour lui et son époque une source précieuse d'informations. Pendant la Révolution il passe par les fortunes les plus diverses, tantôt emprisonné et sur le point d'être pendu comme aristocrate, tantôt presque porté en triomphe par les patriotes qui veulent même se cotiser pour l'exempter du service militaire, qui l'envoient à Paris, au 10 août 1793, présenter leurs suffrages en faveur de la Constitution, ce qui lui donne l'occasion de siéger un jour à la Convention nationale, et de prendre part, par assis et par levé, au vote de plusieurs lois (1) ; qui finalement le mettent à la tête de leur club, ce dont il profita bientôt pour en exclure le plus fougueux et le plus dangereux d'entre eux, en attendant qu'il pût exclure tout le monde et lui-même en le fermant tout à fait.

(1) Ce fait, tout invraisemblable qu'il paraisse, est raconté tout au long dans les *Souvenirs*. C'est le conventionnel Balland, propriétaire de la maison où M. Thiébault logeait à Bruyères, qui l'entraîna à la séance, l'introduisit dans la salle (le 8 août 1793) et le fit asseoir à ses côtés, en lui disant « de faire en tout comme lui. »

Pendant toute cette période si mouvementée, il sut garder intactes deux choses qu'avaient à peu près perdues la plupart des Français employés aux affaires : sa religion et son bon sens.

Maire de Bruyères en 1815, il supporta tout le poids de l'invasion et réussit, aux prix d'efforts inouïs, à assurer la subsistance de la ville tout en satisfaisant aux incessantes réquisitions militaires. Et chose plus étonnante, avec des revenus très modestes qui, pour sa pratique médicale, ne dépassèrent pas une moyenne annuelle de 1,000 à 1,200 francs, il sut, à force d'ordre et d'économie, faire donner une excellente éducation à tous ses enfants, acquérir un bon bien au soleil, et laisser encore quelque argent à sa famille, tout en vivant honnêtement selon son rang.

C'était un homme d'une énergie peu commune, qui n'avait guère d'autres défauts que l'excès de ses qualités mêmes. La première partie de sa vie ressemble à un roman. Fils de concierges, sans aucune ressource, il est entraîné par une vocation irrésistible vers la médecine. Quoique dénué de tout, par une série de véritables tours de force, se mettant au service tantôt d'un apothicaire, tantôt d'un chirurgien, il arrive à faire d'excellentes études médicales qui le conduisent assez rapidement au grade d'officier de santé. Plus tard, il est reçu docteur à la faculté de Strasbourg sur la seule présentation et soutenance d'une thèse, grâce à l'estime et à la confiance de l'un surtout de ses anciens professeurs de Nancy, qui avait su apprécier son mérite, sa conscience et son travail opiniâtre. A l'aurore de la Révolution, il s'établit praticien à Bruyères, y conquiert vite une réputation, obtient également la confiance des deux partis qui divisent la ville, et se concilie dans la classe noble et bourgeoise de précieuses sympathies (1). Au

(1) Ainsi Madame de Lavaux voulut être la marraine de son fils Donat.

retour de l'émigration, il devient l'ami plus encore que le médecin du célèbre abbé Georgel, provicaire général des Vosges, ancien secrétaire d'ambassade, qui lui confie ses *Mémoires*, et l'institue son exécuteur testamentaire (1). Cette circonstance lui permit d'enrichir très honnêtement de quelques pièces intéressantes sa curieuse collection de documents révolutionnaires dont les épaves abandonnées du club avaient sans doute formé le noyau.

Il épousa, en 1797, un jeune fille d'Aydoilles, douce et pieuse, avec laquelle il vécut en parfaite intelligence, et qui le rendit le plus heureux des maris et des pères. Mademoiselle Olriel était avec sa sœur au noviciat des Filles de la Charité, à Lyon, lorsque les évènements de la Révolution dispersèrent les couvents. Renvoyée dans sa famille, elle consentit plus tard, non sans de longues hésitations, à mettre sa main dans celle de l'honnête homme qui lui tendait la sienne, et n'eut pas l'occasion de le regretter (2).

Se mettant bravement au-dessus de la législation anti-chrétienne du temps, le jeune couple commença par aller demander la bénédiction nuptiale à un vieux prêtre insermenté qui se cachait à Rambervillers, et c'est seulement deux jours après, le 16 novembre, qu'ils comparurent devant le maire d'Aydoilles pour l'acte civil.

(1) L'abbé Georgel lui offrit son portrait avec cette dédicace de sa main : « Don de l'amitié et de la reconnaissance à mon médecin, M. Thiébault. Le 6 (*sic*) de l'an 1812, à l'âge de quatre-vingt-un ans moins vingt-trois jours, après la guérison de l'ulcère qui dégradait mon nez, et d'un anthrax au bras gauche, au-dessus du cautère, le tout précédé de deux maladies très graves dont j'ai été guéri, Dieu aidant, par les soins, le talent de M. Thiébault. L'abbé GEORGEL. » Le docteur reconnait modestement qu'il ne guérit point cet ulcère incurable, mais qu'il réussit du moins à en empêcher les progrès.

(2) M. Thiébault mourut en 1847, six mois environ après la naissance d'Edmond, le dernier de ses petits-enfants, et le seul qu'il ne vit pas avant de mourir.

Madame Thiébault mourut le 24 mars 1819, trop jeune encore, hélas ! pour ses enfants et son mari qui ne cessa de la pleurer. Elle n'avait que cinquante-quatre ans.

Ceux qui croient à l'atavisme, aux transmissions héréditaires sautant parfois une ou plusieurs générations, retrouveront dans le plus jeune des enfants du négociant de Martigny, quelques traits caractéristiques de son grand-père : l'amour de l'ordre, le soin du détail, la passion de l'exactitude et de l'annotation, la ténacité dans les projets et la suite dans les résolutions. Le futur curé de Plombières n'avait pourtant rien de l'esprit assez méticuleux et un peu rigide de son vénérable aïeul. Mais il est temps de faire connaître celui qui fera l'objet de cette esquisse.

Victor-Eusèbe-Edmond Menestrel naquit à Martigny le 20 novembre 1846. Ce nom d'Edmond, le seul qui fut en usage dans la famille, lui avait été donné, suivant une coutume pieuse, parce qu'il était né le jour de la fête de ce saint. Une sœur, Mathilde, et un frère, Paul, l'avaient précédé dans la vie, celle-là de trois, et celui-ci de deux ans.

Les premières années sont toujours obscures et peu abondantes en évènements. Nous savons cependant qu'Edmond tout jeune était déjà très pieux. Le caractère différent des deux frères se dessinait dès lors dans les jeux de l'enfance, et laissait pressentir la diversité de leurs vocations futures, -- ou plutôt la diversité des voies par lesquelles la Providence les conduira un jour l'un et l'autre à une vocation semblable. Paul était vif, pétulant, plein d'esprit et de ressources ; Edmond plus grave, plus réfléchi, mais énergique et résolu. « Paul, disait la mère, s'en tirera avec sa langue, Edmond avec son poing. » Je ne sais si Edmond fit souvent le « coup de poing » avec ses camarades de Martigny. En ce temps-là on ne songeait pas encore à transformer un pugilat d'écoliers en une affaire de prétoire, encore moins à traîner dans la boue des journaux les maîtres dont les écoliers auraient échangé quelques horions. Mais dans ce pronostic maternel, n'entrevoit-on pas d'avance, l'homme intrépide, calme et fort, qu'aucun injuste assaut ne saura jamais faire reculer ?

Vers 1856 ou 1857, des revers inattendus obligèrent M. Menestrel à liquider son commerce, ce qui se fit d'ailleurs dans des conditions de la plus haute honorabilité et à la pleine satisfaction de tous. N'ayant plus d'intérêts dans le pays, la famille le quitta pour toujours. M. Menestrel occupa des fonctions administratives successivement à Arc-en-Barrois (Haute-Marne) et à Marquise (Pas-de-Calais). Puis vint une maladie implacable qui le força à donner sa démission. Madame Menestrel était elle-même gravement atteinte. Elle succomba la première (30 septembre 1867). Edmond, déjà séminariste, annonça lui-même cette mort à son frère dans une lettre pleine de foi, d'espérance et de larmes. « J'ai été à la messe ce matin, lui dit-il, afin d'offrir le tout au bon Dieu,... et dans l'Evangile, il y avait ces paroles : *Intra in gaudium Domini tui.* Cela m'a fait pleurer, je les appliquais à notre bonne maman. » M. Menestrel suivit sa femme dans la tombe au bout de six mois (1).

Une tante avait recueilli à Bruyères cette famille si éprouvée. C'était la fille aînée du docteur Thiébault, Mademoiselle Jeanne-Marie-Françoise, restée célibataire ; celle en qui son père avait mis toute sa confiance, et sur laquelle, connaissant son dévouement et son cœur, il avait toujours compté, pour venir au secours des siens en cas de malheur. Nous l'avons connue, cette bonne et douce figure de *tante Minette* — parents et amis ne lui donnaient pas d'autre nom ; — elle s'est

(1) Tous les deux sont inhumés à Bruyères dans la sépulture de famille.

éteinte octogénaire en 1881 au presbytère de Plombières, entourée des prévenances et de l'affection de tous. C'était l'humilité, la douceur, l'abnégation personnifiées et comme inconscientes d'elles-mêmes. Providence de ses neveux, elle pourvut à l'achèvement de leur éducation, mais se sentit plus que payée quand elle les vit tous deux se consacrer à Dieu.

Edmond fut mis au collège ecclésiastique de Rambervillers à la rentrée d'octobre 1857. Son frère Paul l'y avait précédé d'une ou deux années. Le collège avait pour principal fondateur l'abbé Thiébault, leur oncle, qui en conserva la haute direction jusqu'à sa mort prématurée survenue le 15 mars 1858. Edmond ne fit qu'entrevoir son oncle, mais il en conserva un souvenir si net que vingt-trois ans plus tard il en burinait un portrait d'une vérité saisissante.

C'était le 4 janvier 1888. Une assistance d'élite se pressait dans l'église paroissiale de Rambervillers. Les anciens élèves du collège avaient voulu rendre un dernier et solennel hommage aux quatre premiers fondateurs, au moment où leur œuvre allait disparaître pour revivre, sur un théâtre plus étendu, dans le nouveau collège d'Epinal. M. Chapelier, vicaire général de Mgr de Briey, en célébrant lui-même la messe, avait tenu à apporter le témoignage de la reconnaissance de l'Evêque et de tout le diocèse. Par une inspiration des plus heureuses, l'orateur appelé d'un commun accord pour élever la voix dans cette solennité funèbre, fut le curé de Plombières. « Certes, dit-il, avec une charmante modestie, je n'avais qu'un titre à votre honorable choix, mais, je le reconnais, il était plus que suffisant, celui d'être de tous les anciens élèves de ces maîtres regrettés celui peut-être qui doit le plus à leur affection. Ne leur dois-je pas, après Dieu, en particulier, l'éternel honneur de mon sacerdoce ? » Le texte de ce beau discours était on ne peut mieux choisi, et s'appliquait admirablement à ces hommes éminents et dévoués qui avaient longtemps semé dans l'angoisse, pour récolter ensuite, par eux ou par leurs successeurs, une magnifique moisson (1). Le sympathique orateur voulut rappeler leurs traits aux souvenirs de ceux qui les avaient connus, dont la jeunesse s'était écoulée sous leur ferme et paternelle direction. Je ne résiste pas au plaisir de citer cette belle page; elle mérite de trouver place dans la vie de M. l'abbé Menestrel. Rien n'y manque, pas même une innocente malice à l'adresse de « M. le Principal », qui amena, j'en suis persuadé, un léger et bienveillant sourire sur les lèvres de tous les auditeurs.

Il parlait d'abord de son oncle, la véritable cheville ouvrière de l'œuvre, dont l'esprit revivait toujours dans ses dignes successeurs. « C'était, dit-il, l'austère M. Thiébault, à la figure accentuée et énergique, à l'intelligence supérieure faite pour l'organisation et le commandement; on ne saurait oublier, et c'est là son plus beau titre, qu'il fut le principal promoteur de l'enseignement libre et chrétien dans ce chrétien pays des Vosges. »

Il dépeignait ensuite ses collaborateurs de la première heure, dont le dernier venait à peine de descendre dans la tombe après quarante-huit ans d'apostolat près de la jeunesse :

« Le père Laurent, — pourquoi ne pas employer ici le nom familier que se plaisait à donner à nos maîtres notre filiale affection? — le père Laurent, la raison incarnée, l'homme pratique par excellence, l'homme de bon conseil, *vir boni consilii*, et qui savait si bien les donner, ses conseils, d'une façon si persuasive, avec un

(1) *Euntes ibant et flebant, mittentes semina sua : venientes autem venient cum exultatione, portantes manipulos suos* (Ps. CXXV, 6). Ce discours dont j'ai le manuscrit original sous les yeux, a été publié en partie dans la *Semaine religieuse de Saint-Dié* (année 1888, p. 37), et dans une brochure éditée à Saint-Dié, je crois, qui relate la cérémonie du 4 janvier.

visage si bon, d'un ton si convaincu, qu'on était déjà convaincu soi-même avant de savoir sur quelles raisons il allait les appuyer.

« Le père Conraud. Oh ! saluons en passant ce nom avec respect. Pour avoir été peut-être à quelques-uns d'entre nous moins symphatique que ces autres Messieurs, parce que la nature de ses fonctions était plus délicate, que son regard qui voulait voir jusqu'au fond de l'âme était plus inquisiteur, presque soupçonneux, que sa vigilance était plus active et ses sollicitations plus pressantes —, le père Conraud n'en demeure pas moins, à partir de la mort de M. Thiébault, la personnalité la plus remarquable de l'ancien collège, son rouage le plus essentiel, sa véritable tête.

« Enfin voici M. le Principal (1). Son visage, son port, sa démarche, sa voix, tout le désignait pour sa fonction, si bien qu'en lui l'homme et la chose ne semblaient plus faire qu'un. Mais ses dehors, quelque redoutables qu'il cherchât à les rendre parfois pour la discipline de la maison, et sa solennité un peu pompeuse, ne parvenaient point à cacher, vous le savez, la délicatesse et la sensibilité de son âme.

« Hommes à la nature tout à fait différente, au tempérament absolument opposé, ils étaient cependant vraiment faits l'un pour l'autre, et il faut avouer que leur union — même en laissant de côté M. Thiébault — constituait un remarquable ensemble dans lequel l'un (M. Laurent) était la raison, le second (M. Conraud) la foi, et le troisième (M. Morel) l'autorité. »

On aura remarqué l'accent ému avec lequel l'ancien élève de M. Conraud rappelle ce maître vénéré entre tous, qui, au dire de ceux qui l'ont connu, était un édu-

(1) M. Morel. — Trois des fondateurs de Rambervillers furent successivement honorés du camail diocésain : M. Thiébault (1799-1858) en 1856 ; M. Conraud (1814-1877) en 1872, et M. Morel (1817-1888) en 1880.

cateur hors ligne, en même temps qu'un prêtre profondément pieux.

Qui peut mesurer l'influence que ce directeur éminent eut sur son jeune disciple, lui qui, suivant une heureuse expression, ne passa pas un seul jour sans se demander comment il élèverait « aujourd'hui plus haut que hier » le cœur et l'esprit de ses enfants (1)? Edmond lui était doublement cher, et par ses qualités naturelles, et comme le neveu de l'homme qu'il avait aimé au point de lui vouer sa vie en sacrifiant de belles et honorables relations, l'homme dont, vingt ans plus tard, le souvenir était encore aussi chaud dans son cœur que le premier jour. Edmond, de son côté, s'attacha à lui comme un fils à son père. Il ne voulut pas d'autre prédicateur de sa première messe, et s'obstina dans son choix, en dépit des résistances du modeste professeur qui cherchait en vain à détourner cet honneur sur un autre, en alléguant la raison la plus propre à toucher le neveu, c'est que celui qu'il désignait à sa place saurait mieux que tout autre louer dignement ce jour-là l'oncle qui, disait-il, n'avait pas obtenu à ses funérailles tout le tribut de justes éloges qu'il méritait (2).

Tels maîtres, tels disciples. Un collège aussi supérieurement dirigé ne pouvait manquer de former d'excellents sujets. Au petit groupe des fondateurs, d'autres talents et d'autres dévouements étaient venus s'adjoindre, formant une pléiade qu'on pourrait presque dire illustre. Parmi ces ouvriers de la seconde et de la troisième heure, je n'en citerai qu'un, parce que l'abbé Menestrel conserva avec lui, jusqu'à la fin, les plus

(1) *M. Morel, principal du collège de Rambervillers*, par M. l'abbé Pierfitte.

(2) « Il faut donc me rendre à ton grand désir de me voir prêcher ta première messe, lui écrivit M. Conraud, *mais prie pour moi afin que ma parole soit la parole de Dieu.* » Ces derniers mots peignent l'abbé Conraud tout entier.

affectueuses relations, et que moi-même je l'ai beaucoup connu et aimé : c'était l'abbé Chognot, cœur d'or, esprit vraiment supérieur sous une teinte d'originalité qui faisait nos délices.

Parmi les élèves, Edmond Menestrel fut ce qu'en style de collège on appelle un *bûcheur.* C'est à coup d'efforts et de travail qu'il conquérait les premières places. Pour satisfaire son avidité d'apprendre, ses maîtres, imprudemment peut-être, lui avaient permis d'employer à l'étude une partie de ses récréations. Son imagination, moins brillante que celle de son frère, était sagement réglée par un jugement toujours sain et droit. C'est au collège qu'il prit ces habitudes laborieuses qui le suivront jusqu'au dernier jour de sa vie. Il ne donnera jamais à la récréation et au repos que les heures strictement nécessaires, et grâce à cette économie d'un temps sagement ménagé, il se jouera avec aisance au milieu des occupations les plus disparates, et fournira en sa trop courte carrière une somme de labeur prodigieuse et presque incroyable.

Un de ses anciens maîtres a bien voulu recueillir ses souvenirs d'autrefois, et voici ce qu'il me transmet (1). Ce témoignage, aussi précieux qu'autorisé, nous dira ce qu'était déjà, enfant, celui que nous connûmes séminariste, vicaire, puis curé, dans le plein épanouissement des dons magnifiques d'esprit et de cœur dont la Providence s'était plu à le combler.

« Edmond Menestrel au collège était déjà l'homme du devoir, tel qu'on l'a vu plus tard. Ni moi ni les autres professeurs ou surveillants n'avons jamais eu à lui faire la moindre réprimande. Tous les élèves avaient pour lui un souverain respect ; pas un n'aurait osé lui dire un de ces mots que les collégiens ont malheureusement trop souvent à la bouche. Grave partout, il était

(1) M. l'abbé Antoine, curé de Florémont.

cependant très gai aux récréations. Je ne sais si je lui ai jamais vu lever les yeux même au réfectoire. Il était d'une piété angélique, communiait fréquemment en particulier (mais on le savait), et se levait avant les autres pour pouvoir servir tous les jours la première messe. Je suis persuadé qu'il avait conservé l'innocence et la douce piété de sa première communion (1).

« Je crois qu'il ne lui est pas arrivé de manquer aucun des satisfecit hebdomadaires, et qu'il a eu tous les ans les deux prix d'honneur, difficiles à obtenir, et qui exigeaient un vrai tour de force de sagesse, de travail et d'exactitude.

« A l'examen du baccalauréat, il brilla surtout par la solidité. Son retour fut une fête pour tout l'établissement. Les élèves lui firent une sorte d'ovation tant ils avaient pour lui, outre l'estime, une affection sans bornes. »

Après neuf ans de collège, Edmond dit adieu aux vieux murs qui avaient abrité son enfance, emportant avec son diplôme, les regrets de tous ses camarades, et la profonde estime de ses maîtres, qui nourrissaient l'espoir secret de le voir revenir un jour parmi eux reprendre la place laissée vacante par M. Thiébault. Nul ne lui demanda où il allait. Depuis ses premières années, il était visiblement marqué pour le sacerdoce. La vocation n'avait pas germé, n'avait pas grandi en lui pas à pas comme chez les autres ; elle semblait être née avec lui ; dès sa plus tendre jeunesse, il portait dans son caractère, dans son esprit, dans son âme, et jusque dans sa tenue et son maintien, le signe visible de l'appel divin. Aussi n'éprouva-t-on aucune surprise quand on le vit entrer, au mois d'octobre 1865, au grand séminaire de Saint-Dié.

(1) Il fit sa première communion le 23 mai 1858, dimanche de la Pentecôte, dans l'église de Rambervillers.

II

Le Séminariste.

La vie du séminariste est la monotonie même. Pour la plupart, elle s'écoule inaperçue dans l'obscurité de la prière et du travail. Je pourrais donc glisser rapidement sur les cinq années de grand séminaire d'Edmond Menestrel, si je ne voulais surtout peindre une âme, et faire en même temps l'histoire d'une admirable préparation au sacerdoce.

Cette tâche m'est rendue facile par une bonne fortune dont on ne saurait trop se féliciter. En détruisant, peu de semaines avant sa mort, une grande partie de ses papiers intimes, M. l'abbé Menestrel épargna ses anciennes notes de retraite et ses résolutions de séminariste, — est-ce oubli, ou bien voulut-il, chose plus probable, dans la pensée d'un rétablissement possible, pouvoir savourer encore les effusions pieuses de sa jeunesse cléricale? Quoiqu'il en soit, ces précieuses épaves vont nous initier à une vie intérieure d'une beauté que les amis les plus avancés dans sa confiance ont à peine soupçonnée.

Il serait banal de rappeler que l'abbé Menestrel fut pour tous ses condisciples du séminaire un modèle. Il n'y avait parmi nous qu'une voix sur ce point. Qu'il s'agît de la piété, du travail, de l'exactitude, de l'obéissance au règlement, du respect pour les maîtres, de la charité pour les confrères, de l'amabilité pour tous, il était toujours au premier rang, et nul ne cherchait ni à le lui contester ni à le lui disputer.

Mais ce premier rang, il l'occupait sans y prétendre, ou pour mieux dire, sans y penser. Personne ne fut moins ambitieux, moins poseur que lui. On ne peut pas même dire qu'il travaillait à s'effacer, car ce travail, s'il existait, ne s'apercevait en rien. Simple, modeste, il passait au milieu de nous, toujours égal à lui-même, ne s'imposant à personne, mais restant à la disposition de tous, avec une sérénité et une bonne humeur qui ne se démentaient jamais. Avec lui, anciens ou nouveaux, tout le monde était bien vite à son aise. On l'abordait sans embarras, on lui demandait sans aucune gêne ces mille petits services que des condisciples ont à chaque instant l'occasion de se rendre les uns aux autres. Grave partout où commandait la loi du travail, de la prière, du silence, il devenait d'une gaieté charmante dans les récréations et on peut affirmer sans exagération qu'il comptait autant d'amis que de compagnons d'étude.

Quelques-uns cependant entrèrent plus avant dans son intimité, et purent entrevoir de plus près les trésors de piété et d'ardeur apostolique que recélait son cœur généreux, mais il fallait en quelque sorte les deviner, car il ne les étalait jamais...

Un séminariste aussi fervent ne fut pas sans exercer une certaine action autour de lui, non seulement par son exemple, mais aussi par d'autres procédés. Une sorte d'instinct surnaturel semblait le diriger surtout vers ces âmes maladives qu'on rencontre dans toutes les communautés, et qui se font tant souffrir elles-mêmes en inquiétant et en fatiguant leurs directeurs. Heureux ceux qui, dans leurs doutes et leurs angoisses, se sont sentis attirés vers lui !

En 1873, sur le point de partir pour les missions lointaines de l'Extrême-Orient, un de nos anciens condisciples lui écrivait ces lignes : « Aujourd'hui que le bon Dieu me parle plus à l'intime, j'ai besoin de vous remercier. Peut-être que si je ne vous avais pas trouvé sur ma route, à des heures d'obscurcissement où mes yeux bien affaiblis ne distinguaient plus les choses du ciel, je me serais tristement égaré. Et ce sont les joies de maintenant qui me font plus apprécier vos bonnes remontrances, que je ne suivais que bien malgré moi. »

Dieu seul a pu compter le nombre des âmes qui, semblables à celle-là, ont dû au pieux séminariste de ne pas perdre leur route au milieu des ténèbres amoncelées autour de leur vocation. Mais on a peu connu ces efforts de son zèle ; sa modestie innée cachait avec soin tout ce qui lui était personnel, et c'est un véritable hasard qui m'a fait découvrir le témoignage que je viens de citer.

Il suffisait qu'il fût question de l'Eglise pour le jeter, lui si calme, si pondéré en toutes choses, dans une sainte exaltation « Je me rappelle, écrit un de ses condisciples, que vers 1867, après une allocution où on nous avait parlé des dangers que courait l'Eglise par la politique d'hypocrisie de Napoléon III, le cher abbé Menestrel disait en envisageant le martyre comme dernier aboutissement de tout cela : « Quel bonheur ! » C'était le cri du cœur, et ce souvenir m'est toujours resté présent (1). »

Sa piété droite, simple, naturelle, n'avait ni manières ni apprêt. Elle jaillissait comme de source, d'un cœur où il n'y eut jamais place que pour deux passions : l'amour de Dieu et l'amour des âmes. Il n'avait aucune peine à se mettre en la présence de Dieu, et cette heureuse facilité le suivit toute sa vie. Je l'ai vu cent fois d'une récréation gaie et même bruyante passer sans

(1) Lettre de M. l'abbé Durain, curé de Thaon, le 12 septembre 1897.

effort à la prière la plus fervente et la plus recueillie. On sentait que Dieu vivait dans son âme, qu'il la remplissait tout entière. Sa pensée revenait vers les choses surnaturelles par une pente irrésistible sans qu'il fût nécessaire d'un effort pour l'y ramener.

Au séminaire, en dehors des exercices généraux de la communauté, il s'était imposé par son règlement spécial quatre petites visites quotidiennes au Saint-Sacrement. Il les prolongeait les jours de congé, et à le voir immobile, absorbé au point de n'apercevoir et de n'entendre personne, on pouvait se demander s'il savait ce que c'est qu'une distraction.

Les retraites tiennent une place importante dans la vie du séminariste. Elles sont, en effet, un levier des plus puissants pour aider la volonté défaillante à s'élever à cette hauteur de dévouement et de sacrifice qu'exige la vocation sacerdotale. Il y en a ordinairement deux par an, précédant chacune des grandes ordinations de Noël et de la Trinité. Mais l'abbé Menestrel ne s'en contentait pas. Plus d'une fois, pendant les vacances, il prit le chemin de Bosserville, et là, dans cette antique chartreuse, sous les cloîtres déjà séculaires, il se plongeait avec une sorte de volupté sainte dans la prière et la méditation. La vie austère et silencieuse des religieux lui arracha un jour cette réflexion aussi simple qu'elle est profonde dans la bouche d'un jeune homme de vingt ans : « Autant d'enlevé aux sens, aux passions, au monde, autant de donné à Dieu. » Il n'éprouva pourtant aucune envie de rester avec eux. Sa place n'était pas parmi ceux qui prient seulement pour les combattants, elle était parmi les combattants eux-mêmes, car il était né homme d'action, et il se sentait appelé à prendre rang au milieu de ceux que Dieu destine à vivre avec le monde pour travailler à maintenir dans le monde le règne de Jésus-Christ.

Ce pieux asile de Bosserville lui plaisait, il y revenait volontiers, et il se permit un jour d'en indiquer discrètement le chemin à son frère Paul, dont, avec un flair merveilleux, il avait deviné les préoccupations intimes, mais soigneusement cachées. « Ai-je dans l'esprit et dans le cœur, la voix et les sentiments, de quoi encourager tes insinuations, et peut-être tes espérances ? » lui écrivait celui-ci.

Ce frère qu'il aimait d'une affection si tendre, largement payée de retour, terminait alors à Paris ses études médicales, et se préparait au difficile concours de l'internat, lorsqu'il se décida tout à coup à se rendre, non à Bosserville, mais à la rue de Sèvres, chez les jésuites, pour y faire la retraite spéciale de « l'élection d'un état de vie. » « Le 20 décembre (1867), écrivait-il quelques semaines plus tard, à midi et vingt-cinq minutes, à Notre-Dame des Victoires, je prends la résolution d'entrer en retraite le plus tôt possible. Du 2 au 12 janvier, je suis en retraite. Le 21, je vois le R. P. Provincial et le 25 j'entre à Saint-Acheul. Le 29 je prends la soutane. *Voilà donc le terme d'une attente de plusieurs années.* » L'affaire fut enlevée si lestement qu'on en connut la fin avant d'en savoir les débuts. Toutefois l'abbé Menestrel fut plus heureux que surpris. Depuis longtemps, il lisait dans l'âme de son frère et s'attendait un jour ou l'autre à un dénouement de cette façon. « Il avait semblé d'abord, écrivait-il plus tard à un ami de la famille, que nous eussions des vocations différentes. Paul était sur le point de subir sa thèse de docteur, lorsqu'une grâce toute particulière de Dieu est survenue, qui a conduit l'élève de l'école de médecine au noviciat des Jésuites. » A peine éprouvèrent-ils l'un et l'autre un léger regret. Paul eût volontiers attiré Edmond à Saint-Acheul, Edmond eût vu avec plaisir son frère combattre dans les mêmes rangs que lui. Mais Dieu donne les grâces et distribue les vocations comme il lui plaît. S'il voulait les deux frères à son service, il ne les voulait pas dans la même milice (1).

Craignant sans doute de voir se dissiper trop vite le trésor de pieux sentiments et de saintes lumières que chaque retraite apporte aux âmes dociles, l'abbé Menestrel prit de bonne heure l'habitude d'écrire les pensées les plus saillantes de chacune des instructions qu'on y faisait, afin d'en faire longtemps sa nourriture spirituelle. L'étendue et la précision de ces résumés substantiels prouvent avec quel soin il écoutait et avec quelle intelligence il saisissait la parole du prédicateur. Rien d'important n'y est omis, et les idées fondamentales, dégagées des développements purement oratoires, y ressortent dans un relief frappant. Il attachait la plus grande importance à ce travail, en gardait le résultat dans ses papiers de choix, et le relisait fréquemment. Je ne sais quelle occupation on lui donna pendant la retraite de la Trinité de 1867, qui ne lui laissa pas le loisir de rédiger son résumé avec autant d'abondance que de coutume. Il crut devoir le dire à Dieu dans une sorte de plainte affectueuse qui est en même temps une touchante prière : « Vous m'avez ravi une partie du temps que j'y destinais. Ayez la bonté de prendre ce que vous m'avez demandé à la place comme une large compensation. Préparé par vous, mon divin Jésus, mon cœur n'en sera que plus apte à recevoir votre divin Esprit que j'appelle de tous mes vœux. *Je ne mérite rien, mais faites cependant que je n'y perde pas.* »

Le résumé de chaque retraite est ordinairement suivi de réflexions, de prières et de résolutions. La piété la plus vive et la plus affectueuse déborde dans les premières ; les secondes sont généralement admirables de forme et de fond, et rappellent ces magnifiques effu-

(1) Le R. P. Menestrel est aujourd'hui missionnaire en Chine.

sions religieuses que l'historien du cardinal Pie s'est plu à reproduire dans la vie de ce grand évêque; quant aux résolutions. elles se distinguent surtout par la précision, la sobriété, un sens éminemment pratique. Point de ces hautes envolées, où l'imagination et la sensibilité s'exaltent presque toujours dans la chimère. Le jeune séminariste ne cherche pas à atteindre d'un bond les sommets d'une perfection idéale ; il est plus terre à terre, regarde en lui, autour de lui, voit ce qui lui manque, ce qu'il lui faut, le dit en quelques mots clairs et nets, et voilà une règle tracée, à laquelle, on peut en être sûr, il va conformer strictement toute sa vie. Aussi pour la connaître, suffirait-il de lire ses résolutions.

En voici quelques-unes cueillies un peu au hasard dans ses papiers de retraite :

« J'obéirai parfaitement à la règle jusque dans les plus petits détails : voilà la vraie perfection au séminaire. »

« Ne jamais provoquer aucun manquement. S'il est provoqué par d'autres, politesse et charité, pas davantage. »

« Avoir une bonne idée d'autrui, une petite de soi-même. Ne juger personne. »

« Ne jamais rien dire qui soit en ma faveur. »

« Je serai envers tous plein de douceur et d'affabilité, sans flatterie. »

« Je travaillerai consciencieusement, et dans l'unique but de mieux procurer un jour la gloire de Dieu et le salut des âmes. »

« Pas de contention dans mes exercices de piété, mais une pleine bonne volonté et une entière confiance. »

« Bientôt je serai prêtre, et c'est pourquoi je m'efforcerai d'acquérir la vertu d'humilité, si essentielle pour une si haute dignité, et base de toute perfection. »

Le futur directeur des âmes, au sens si pratique, si judicieux, si ennemi de l'à-peu-près et de toutes les utopies spirituelles, qui inspirera à ses pénitents une piété si large et si intelligente, ne se laisse-t-il pas déjà pressentir dans ces maximes d'une spiritualité franche et si bien appropriée aux circonstances?

Les retraites que devaient suivre des Ordres étaient encore, s'il est possible, plus sérieuses, plus approfondies. A la suite de celle de la Trinité de 1867, il écrit : « Dès aujourd'hui je commencerai la préparation à mon sous-diaconat par des prières quotidiennes et spéciales. » Un an plus tard : « *Fatiguer le bon Dieu*, la Sainte Vierge, saint Joseph, saint Louis de Gonzague et tous mes saints par mes prières. A la plénitude de la préparation répondra la plénitude des grâces que Dieu destine à mon ordination. Me rappeler que les grâces des ordinations ne se renouvellent point. »

Il a décrit lui-même, dans une page admirable, les émotions du grand jour attendu et préparé depuis si longtemps. Quelques heures après son incorporation définitive dans la sainte milice, il écrivait : « Je suis sous-diacre. Gloire à Dieu ! Désormais aucune force ne pourra plus me séparer de lui. J'ai conservé mon plus grand calme pendant l'ordination. J'étais placé dans le Cœur immaculé de Marie, elle me présentait au Cœur adorable de Jésus. Pouvais-je craindre ? Oh ! comme j'acceptais tout ce qui m'était dit, surtout avant de faire le pas. Je l'ai fait résolument avec la plus grande confiance et la plus ferme volonté de me donner à Dieu. Comme j'étais brûlant, étant prosterné sur le pavé ! Je tremblais, je suppliais avec ardeur, je me possédais parfaitement. J'ai ratifié pleinement après mon ordination l'acte de consécration que j'avais fait de moi à Jésus et à Marie. Je l'ai signé avant et après l'ordination. Je le portais sur moi pendant toute la cérémonie pour suppléer, quand je faisais le pas, à tout ce que je ne pouvais pas exprimer en détail, et aussi pour que Jésus et Marie daignassent bénir et accepter cet acte que je conserverai précieusement. J'ai fait le vœu de chasteté en faisant le pas, j'en avais l'intention. C'est pour toujours, merci, mon Dieu! Que cette pensée m'a causé de joie, m'a fait de bien, m'en fait encore! C'est pour toujours, désormais je suis comme rivé à Dieu. Gloire lui en soit rendue! Mon Dieu, je siégerai un jour dans le ciel parmi les vierges! Oh! conservez-moi, je vous en prie, la pureté, la chasteté que je vous ai vouée pour toujours. La gloire des vierges dans le ciel est une gloire inexprimable. Le cortège de Jésus, c'est un cortège de vierges. Merci, mon Dieu. Oh! ma bonne Mère Marie, comme je vous la recommande, cette vertu qui m'est chère! Pas la plus légère tache, pas la plus petite souillure, s'il vous plaît. Je suis sous-diacre. La pensée de mon sous-diaconat, de mon vœu de chasteté, de mes obligations perpétuelles me fait tressaillir de joie. C'est fini. Plus de retour. Il fait bon y penser. »

Cette journée s'était écoulée pleine de délices célestes, partagée entre Dieu et sa famille, qui avait voulu prendre sa part de cette fête toute surnaturelle. Le soir venu, rentré dans sa cellule, encore tout embaumé du parfum de la grâce du matin, le jeune sous-diacre voulut épancher dans le cœur de Dieu le trop plein de son âme incapable de contenir plus longtemps l'expression de sa reconnaissance et de son amour, et, saisissant un crayon, il traça à la hâte sur un chiffon de papier ces lignes que je me reprocherais de ne pas citer en entier :

« Prière a Marie. — Au soir de mon sous-diaconat, je veux, ô Marie, avec mes bien vifs remercîments, vous faire une prière aussi pieuse, aussi ardente que possible. Oh! tout d'abord, bonne et tendre Mère, daignez recevoir l'expression de l'extrême reconnaissance que je vous ai maintenant et que je conserverai toujours avec la grâce de Dieu. Merci pour toutes les grâces que vous m'avez obtenues, merci pour la protection spéciale que vous m'avez accordée, merci pour la joie si douce et si pure que j'ai ressentie et que je ressens encore. Soyez-en mille fois bénie. Je m'efforcerai en retour de vous honorer et de vous aimer toujours plus, et aussi de vous faire aimer et honorer par les autres. Permettez-moi maintenant de vous faire une nouvelle prière pour l'avenir. Je vous en conjure, daignez m'obtenir une fidélité parfaite et perpétuelle aux obligations que j'ai contractées. Que je sois à Dieu toujours sans partage comme aujourd'hui, ne voulant, ne cherchant qu'une chose, procurer sa gloire, le salut des âmes et par là même mon propre salut. Aidez-moi à acquérir la vertu d'humilité. J'en veux faire ma vertu de prédilection. Que j'y apporte une persévérance à toute épreuve. Je me réfugie tout entier, comme ce matin, dans votre Cœur immaculé. Bénissez-moi et demandez pour moi la grâce de la persévérance. *Magnificat anima mea Dominum.* »

Il tenait en si haute estime l'Ordre auquel il venait d'être promu, qu'il voulut conserver la date des jours où il en inaugura et où il en termina les fonctions. « J'ai fait sous-diacre, écrit-il, pour la première fois à la messe de minuit 1868, au Faubourg, puis à la messe du jour. J'ai rempli une dernière fois les fonctions de mon Ordre le saint jour de la Pentecôte (16 mai 1869) aussi au Faubourg. » Ce souvenir lui fut bien doux quelques années après, lorsqu'il fut envoyé comme vicaire dans la paroisse même où il avait servi pour la première fois à l'autel du Seigneur.

Six mois plus tard, le 22 mai 1869, il franchit le dernier échelon qui le séparait encore du sacerdoce. Ce jour-là, dès cinq heures du matin il ne pouvait se contenir, et il laissa jaillir de son âme embrasée une belle prière au Saint-Esprit, à Jésus et à Marie, qu'il plaça ensuite sur son cœur, pour l'avoir avec lui pendant l'ordination, voulant qu'elle leur redît alors ce que sa bouche ne saurait peut-être exprimer. « Esprit-Saint, disait-il, écoutez, je vous en conjure, la prière que je vous adresse depuis si longtemps au nom de Jésus-Christ, de la Très Sainte Vierge, des apôtres et de tous les saints, au nom des âmes qui me seront confiées, et en mon propre nom. Entendez mes désirs les plus intimes, et voyez s'il est quelque chose que je souhaite plus ardemment que vous et pour les raisons que vous savez. Vous avez toute puissance sur les intelligences et sur les cœurs... Oh ! vous savez comme je désire tous ces dons de votre amour et surtout le don de sagesse, le don d'intelligence et de science, le don de conseil et le don de piété. J'attends avec confiance, et je vous promets en retour une profonde humilité. Ce que je pourrai jamais faire de bien, je saurai que c'est vous qui l'opérerez par moi et je vous dirai toujours : Gloire à Dieu pour ses bontés... Au nom du Père, du Fils et du Saint-Esprit, je renouvelle en tous points la consécration que j'ai faite à mon sous-diaconat. Je voue à Dieu une chasteté inviolable, qu'il me donnera de conserver intacte par sa grâce. Je lui offre comme alors ma personne tout entière pour travailler à sa gloire et au salut des âmes, et je prendrai les moyens de le faire efficacement... J'espère avoir choisi la voie qui me conduira le plus sûrement au salut de mon âme, et je prie Dieu de me donner la grâce de jouir de Lui après ma mort dans la société des élus. »

Le soir, après la grande cérémonie, il jeta sur le papier ces simples lignes qui en disent plus à elles seules que de longs épanchements : « Jésus, Marie, Joseph, soyez mille fois bénis et remerciés ! Je me donne à vous tout entier, je veux être pour vous ce qu'est l'enfant pour son père et sa mère. »

A mesure que l'abbé Menestrel approchait du terme de son séminaire, ses anciens maîtres de Rambervillers songeaient de plus en plus à attacher à leur établissement une si précieuse recrue. Mais, dans leur délicatesse, ils ne voulaient rien tenter près de l'autorité diocésaine avant d'avoir obtenu l'agrément du principal intéressé. Ils le firent donc sonder à ce sujet dans le courant de l'été 1870. « Tu n'es pas encore prêtre, lui écrivait son frère, et déjà on te tire de tous les côtés, qui du côté de l'enseignement, qui du côté du ministère, qui ailleurs. » Mais, ajoutait-il, « ce qui me console, c'est que tu montres une belle indifférence : c'est le plus fort qui l'emportera, le bon Dieu. »

L'abbé Menestrel était vivement tenté de dire un « oui » que ses vieux professeurs attendaient avec impatience et qu'ils avaient déjà presque escompté d'avance. S'il ne se sentait pas de « vocation spéciale » pour le professorat, il n'éprouvait pas non plus de « répugnance positive. » Il aimait beaucoup les jeunes gens, et puis il redoutait de contrister les vénérables compagnons et collaborateurs de son oncle, auxquels il devait tant lui-même et qui semblaient fonder sur lui de si grandes espérances. Il lui en coûte visiblement de ne pas abonder tout de suite dans leur sens, de ne pas se jeter d'emblée entre leurs bras en leur disant : « Me voici, je viens passer ma vie au milieu de vous. » — « Si je n'écoutais que l'attrait naturel, écrit-il à l'abbé Laurent, et le plaisir que j'aurais de me trouver avec vous, je n'hésiterais pas un instant. » Mais, cette satisfaction une fois donnée à son cœur et à sa reconnaissance, il envisage tout autrement l'éventualité qu'on lui propose : « Surnaturellement parlant, le ministère avec ses fonctions, qu'il s'agisse de la prédication sous toutes ses formes, ou de l'administration des sacrements, les études plus ecclésiastiques et plus religieuses que je pourrais y faire, me conviennent davantage. » Puis, comme s'il craignait d'avoir été trop loin, et bien résolu à mettre de côté toute volonté propre : « Supposé chose certaine que je doive être plus utile dans l'enseignement que dans le ministère, ce pourrait être, ce me semble, une raison grave et sérieuse pour Monseigneur de passer sur mes goûts, pour moi de laisser le ministère à d'autres. » Et il terminait en disant plaisamment : « Voilà mes quatre articles (1). A cet examen dont je vous transmets le résultat, pour vous en servir ainsi que vous le jugerez à propos, doit se borner ma part dans l'affaire. Ce n'est pas que j'oublie tout ce que je vous dois, à vous et à M. Conraud. Dieu sait si je voudrais vous satisfaire et au-delà, mais je dois chercher avant tout la volonté du bon Dieu. »

M. Conraud et M. Laurent n'insistèrent pas. Ils comprirent vaguement que la Providence pouvait avoir sur leur ancien élève d'autres vues, que le premier, avec son sens surnaturel si prononcé, découvrit clairement plus tard. De son côté, une fois sa réponse donnée, l'abbé Menestrel se tint dans le plus grand calme, et comme disait très bien son frère, dans « la plus belle indifférence. » Véritablement, à cette heure, tout lui était égal. Sur un signe de son évêque, il eût été au bout du monde. Sa promesse d'obéissance eut toujours à ses yeux la valeur d'un véritable vœu. Il en donnera des preuves, parfois héroïques, dans le cours de sa vie. Mais les vieux directeurs du collège ne virent pas sans un vif regret la ruine de leurs espérances.

Car les supérieurs de l'abbé Menestrel, par une de ces intuitions qui honorent singulièrement leur jugement, comprirent que sa place était plutôt dans le ministère paroissial, où il ferait un bien plus grand et plus étendu, et l'affaire du professorat fut décidément écartée.

(1) Allusion aux quatre articles de la Déclaration de 1682 dont on parlait beaucoup à ce moment, car on était en pleine discussion de l'Infaillibilité pontificale.

Sur ces entrefaites, la grande heure du sacerdoce avait enfin sonné pour lui. Cette année 1870, l'ordination se trouva retardée de sept semaines, à cause de l'absence de Mgr Caverot, retenu à Rome pour les travaux du concile. Elle eut lieu le 31 juillet seulement. On était au début de la funeste guerre allumée par la folle imprévoyance de l'Empire. Des manifestations patriotiques, un peu trop échevelées, hélas ! répandaient dans la ville de Saint-Dié une animation inaccoutumée. Mais l'abbé Menestrel n'entendait rien de ces bruits du dehors. Tout entier à sa préparation prochaine, il ne songeait qu'à cette autre milice où il devait livrer tant de combats et remporter tant de victoires.

Pendant la retraite, il élabora son règlement de vie sacerdotale. Ce règlement est tel qu'on peut l'attendre d'un séminariste aussi fervent. Il voulait serrer d'aussi près que possible celui du séminaire ; mais, chargé toute sa vie d'un ministère très lourd et souvent écrasant, il sera obligé d'y faire plus d'une brèche matérielle, sans en perdre jamais l'esprit (1).

Il avait pris en particulier cette sage résolution : « Je me coucherai de bonne heure pour pouvoir me lever tôt. » Malheureusement, s'il fut très fidèle au lever matinal du séminaire, il observa beaucoup moins la règle du coucher. Le travail et quelquefois son bon cœur, qui souffrait de n'avoir pu donner à un ami venu exprès pour le voir aucun instant d'une journée remplie du matin au soir, l'entraînèrent trop souvent dans d'assez longues veilles dont l'influence n'a pu qu'être fâcheuse pour sa délicate santé.

Quelques heures avant l'ordination, selon sa coutume d'épancher sur le papier les sentiments violents

(1) Il le fit sans aucun scrupule, pareil à saint François de Sales, qui faisait quelquefois céder aux devoirs de l'amitié ceux mêmes de la piété. Les saints accomplissent ces choses-là sans rien perdre de leur union avec Dieu.

qu'il ne pouvait confier à personne, il écrivait : « O mon Dieu, je veux être un saint et sauver beaucoup d'âmes... Tous les jours, je veux croître en grâce, en sainteté, en conformant ma vie et toutes mes actions à la vie et aux actions de Notre-Seigneur Jésus-Christ dont je vais, si misérable que je sois, tenir l'auguste place. » Et quelques instants après : « Vous vous en souvenez, ô ma Mère, comme je vous priais d'intercéder pour moi, d'étendre les bras vers votre Fils bien-aimé, quand je recevais le Saint-Esprit, quand on me donnait l'étole et la chasuble, quand on consacrait mes mains, quand enfin je recevais le pouvoir de remettre les péchés... Maintenant, mon Dieu, que je suis prêtre, je m'abandonne, ô Marie, ô Jésus, à votre volonté. Conduisez-moi où vous voudrez, faites de moi tout ce que vous voudrez. Donnez-moi de mourir plutôt que de ne pas accomplir toujours votre sainte volonté. Je vous le demandais aujourd'hui, je vous le demande encore avec ardeur. *Qu'il ferait bon mourir aujourd'hui ou demain !* »

Puis, tout à coup, impressionné et comme effrayé de la grandeur du sacerdoce, il saisit sa plume, et trace ces lignes où il s'interpelle et s'adjure d'être fidèle à la grâce de son ordination :

« Je serai éternellement prêtre au ciel ou prêtre en enfer ! Au ciel, quelle gloire ! En enfer, quelle honte et quel supplice !... Souviens-toi de la ferveur de tes retraites au séminaire, et tâche de l'apporter dans toutes tes actions. Aie une grande idée du sacerdoce, souviens-toi de son effrayante responsabilité, de sa sublime importance..... *De la première année dépend peut-être toute notre vie sacerdotale...* Ma constante préoccupation sera donc de monter à l'autel avec les plus saintes dispositions que je pourrai avoir, et ma vie tout entière sera une préparation continue à cette divine faveur. Je me dévouerai corps et âme, mais avec prudence, au salut des âmes qui me seront confiées, sans me rebuter jamais des difficultés quelles qu'elles soient... Il ne suffit pas au prêtre d'administrer les sacrements ou de dire la sainte messe ; non, il lui faut tout faire pour former Jésus-Christ dans les cœurs, surtout dans les cœurs des enfants. Il faut que le prêtre ait la passion des âmes. Il est Jésus-Christ sur la terre, il faut qu'il le montre en tout et partout. Je penserai aussi que l'exemple fait plus sur les cœurs que les paroles... Je vivrai toujours de la vie de foi, de la vie de l'esprit et du cœur, jamais de la vie des sens..... J'espère en vous, je compte sur vous, ô Cœurs sacrés de Jésus et de Marie, en qui je me réfugie et me réfugierai toujours, dans mes joies comme dans mes peines et mes angoisses, durant ma vie et à ma mort, pour que je sois un bon prêtre, que j'obtienne toutes les grâces qui me sont nécessaires, que j'accomplisse parfaitement les desseins de Dieu sur moi ici-bas et que je meure prédestiné. »

Celui à qui Dieu aurait donné de voir dans l'avenir aurait lu d'avance, dans ces admirables résolutions, toute la vie sacerdotale de l'abbé Menestrel. La tiédeur qu'il redoutait et contre laquelle il cherchait tant à se prémunir, ne déflora jamais son zèle, ne glaça jamais sa piété. Cette *vie des sens* dont il ne voulait pas, il n'y goûta jamais, et l'on voyait très bien que tout ce qu'il se permettait était pour le besoin, nullement pour le plaisir. Mais on remarquera le sens pratique qui ne l'abandonne pas, même au milieu de ses plus brûlantes effusions : « Je me dévouerai corps et âme avec prudence », et cette sollicitude de l'âme des enfants qui restera le trait dominant de sa carrière pastorale. Ce prêtre, encore tout humide de l'onction sacerdotale, était déjà un homme mûr, alors que les autres commencent à peine leur formation.

Le lendemain matin (1er août), il célébra avec une

ferveur angélique sa première messe dans la chapelle du grand séminaire de Saint-Dié, à l'autel de la Sainte Vierge. Sa tante et sa sœur y communièrent de sa main. Qu'on me permette ici un retour tout intime et personnel : j'ai eu le bonheur de servir cette messe, et c'est pour moi un inoubliable souvenir.

Quelques jours après, une assistance d'élite de parents, d'amis, de paroissiens et de prêtres, parmi lesquels figuraient plusieurs de ses anciens professeurs de Rambervillers, se pressait dans l'église de Bruyères, où il chanta, le 4 août, sa première messe solennelle. Rien n'aurait manqué à la joie commune, sans l'absence du frère bien-aimé : « C'est à Notre-Seigneur que j'ai sacrifié toutes les joies de la famille, écrivit-il, et je me réjouis de lui sacrifier celle d'assister à ta première messe », et sans les préoccupations de l'heure présente. En effet, les premiers coups de canon retentissaient à la frontière, et là-bas, dans cette gracieuse petite cité accoudée aux derniers contreforts vosgiens, on ressentait encore plus vivement qu'ailleurs les émotions patriotiques qu'éveillait partout l'ouverture des hostilités.

III

Le Vicaire.

Après son ordination sacerdotale, le jeune prêtre attendit près de trois mois sa commission de vicaire. Enfin, le 20 octobre, il fut nommé à Saint-Nicolas de Neufchâteau, et partit pour son poste aussitôt après les fêtes de la Toussaint.

On était alors en pleine invasion prussienne. Un voile de tristesse et de deuil s'étendait sur nos provinces de l'Est, condamnées à une douloureuse et prochaine mutilation. La ville de Neufchâteau, chef-lieu d'arrondissement situé à l'extrémité occidentale du département des Vosges, servit un instant de siège à l'administration préfectorale en fuite, puis fut occupée pendant de longs mois par les Allemands, qui y mirent garnison.

Malgré le malheur et la difficulté des temps, le nouveau vicaire était heureux de pouvoir enfin se dévouer aux âmes et satisfaire aux besoins de son ardeur apostolique. Son inaction lui pesait, il voulait se dépenser, il ne pouvait contenir le feu qui le dévorait, surtout depuis qu'il avait reçu, avec l'ordination, les pouvoirs du sacerdoce. Mais la Providence lui ménagea, pour ses débuts, une longue et cruelle épreuve. C'est ainsi que Dieu façonne ici-bas ses grands serviteurs. Il semble parfois paralyser et rendre inutiles tous leurs efforts, toute leur bonne volonté : mais c'est pour les détacher de cet humain et de ce terrestre qui se glissent souvent jusque dans nos actes les plus sincères de zèle, et pour se former des ouvriers parfaits, qui ne travaillent plus qu'en vue de sa gloire.

L'abbé Menestrel n'hésita jamais à regarder comme une grâce toute spéciale l'épreuve qu'il eut à subir à Neufchâteau ; mais, dans son humilité, il se persuada que Dieu avait voulu seulement le rappeler à la pensée de la mort, et l'obliger à s'y préparer tous les jours. « Je n'étais pas prêt alors, disait-il en se calomniant lui-même, je ne songeais pas que je pusse mourir si jeune. » Et de ce moment data une préparation nouvelle et spéciale de chaque jour qui ne finit qu'avec sa vie.

Mais racontons un peu en détail cet évènement, car il marqua une étape importante dans la carrière de notre héros, et il eut une influence considérable sur le développement ultérieur de sa vie sacerdotale.

C'était le 13 novembre, dix jours à peine après son arrivée. Il devait donner le sermon de la grand'messe, à l'occasion de la fête de la Dédicace. Mais en lisant les annonces, une espèce de trouble se fait sentir dans sa voix, il s'arrête sur un mot sans parvenir à le prononcer correctement. Le vénérable curé, M. Sublon (1), crut à une de ces émotions si fréquentes et si naturelles chez un jeune débutant; il eut l'exquise délicatesse d'épargner à son nouveau vicaire l'ennui d'un échec probable en entonnant immédiatement le *Credo*.

A midi, on se mit à table comme de coutume, mais l'abbé avait à peine déplié sa serviette qu'il tombe comme foudroyé. Les soins les plus dévoués semblent

(1) M. l'abbé Sublon, successivement vicaire à la cathédrale de Saint-Dié, professeur au grand séminaire, curé de Bertrimoutier, curé-doyen de Neufchâteau, et vicaire général du diocèse de 1871 à 1890, époque de sa mort.

inutiles; soixante-deux heures s'écoulent avant qu'il reprenne connaissance. Pendant cette longue agonie, on attend à chaque instant le dernier soupir : les médecins eux-mêmes ne donnent plus d'espoir. On administre à l'agonisant l'Extrême-Onction, on récite les dernières prières, on glisse entre ses doigts raidis et crispés un cierge bénit. Quand il commence à se ranimer, c'est pour rester de longs jours encore entre la vie et la mort.

Averties par un message spécial (toutes les communications régulières étant interrompues par l'invasion), sa sœur et sa tante vinrent s'installer à son chevet, se constituèrent ses infirmières dévouées du jour et de la nuit, et le ramenèrent chez elles à Bruyères dès qu'il put supporter le voyage.

Il ne fallait plus de longtemps songer au saint ministère. Un repos complet et des soins assidus étaient nécessaires, soit pour dissiper les restes du mal, soit pour en prévenir le retour. L'abbé Menestrel se résigna, non sans tristesse, à demeurer inactif pendant tout cet hiver.

On sut plus tard à quelles causes immédiates il fallait vraisemblablement rattacher la catastrophe. Dès son arrivée à Neufchâteau, le nouveau vicaire s'était vu chargé de l'instruction religieuse au collège. Le pieux prêtre était trop consciencieux pour aborder sans une préparation sérieuse ce cours réputé très difficile, car il s'adressait à des jeunes gens déjà avancés et un peu frondeurs. La plus grande partie de ses journées se trouvait prise par les autres devoirs du ministère, il n'avait plus que ses nuits. Il en abusa dès les premiers jours : de là un surménage imprudent qui détermina, selon toutes les apparences, l'accident dont il faillit être victime.

Vingt-deux ans plus tard, l'abbé Menestrel, devenu curé de Plombières, revit ce presbytère de Saint-

Nicolas, où il avait été sur le point de mourir à l'aube de sa vie sacerdotale. Son émotion fut profonde, nous a dit l'ami qui l'accompagnait dans cette visite, devenue par le fait une sorte de pèlerinage, et il ne put fermer l'œil de la nuit. Toutes les scènes de ce passé déjà lointain se dessinèrent à nouveau dans sa mémoire avec une intensité extraordinaire. Il voulut célébrer le lendemain une messe d'action de grâces, et il considéra plus que jamais sa préservation presque miraculeuse comme un avis d'en-haut d'avoir à se donner à sa sainte vocation d'une manière toujours plus parfaite.

Le bruit de sa mort s'était faussement répandu dans le diocèse, et malgré les terribles inquiétudes qui étreignaient tous les cœurs, ce nouveau deuil fut loin de passer inaperçu. On pria, on célébra même des messes pour le repos de son âme. Puis, quand la vérité fut enfin connue, des lettres lui arrivèrent de toutes parts, lui apportant comme un écho de la joie de tous ses amis. Mgr Caverot lui fit exprimer son affectueux intérêt, et lui recommanda de prendre tout le temps nécessaire pour se rétablir. M. Marchal, vicaire général, M. Grandclaude, professeur au grand séminaire, beaucoup d'autres lui adressèrent des paroles d'affection et d'encouragement. Je citerai seulement ces lignes détachées d'une lettre de M. Conraud, qui l'aimait comme son fils : « Tu ne peux te figurer quelle terrible tristesse était la nôtre, comme aussi quelle a été notre joie quelques jours après, malgré les craintes qui nous restaient encore. Sais-tu bien, néanmoins, que je t'estimais heureux, et que je te recommandais nos pauvres personnes et notre œuvre comme je le fais souvent à ton digne oncle ? » Ces derniers mots, venant d'une telle bouche, en disent plus que tous les éloges.

Dans le paisible intérieur de Bruyères, entouré de ces soins délicats dont l'affection double l'effet, l'abbé Menestrel se rétablit peu à peu, sans cependant encore retrouver toutes ses forces. En attendant, il employait ses loisirs à des travaux utiles. On a retrouvé dans ses papiers, daté de cette époque, le programme très complet, avec renvois et références, d'un cours d'instruction religieuse à faire en deux ou trois années, au choix, soit pour sermons, soit pour catéchisme de persévérance. Il brûlait néanmoins de reprendre son ministère, comme ces vaillants blessés qui n'attendent pas que leurs plaies soient cicatrisées pour courir à de nouveaux dangers. On lui accorda satisfaction aussi promptement que possible. Il ne s'agissait plus de Neufchâteau, où on avait dû lui donner bientôt un successeur ; mais M. Marchal, vicaire général, lui écrivit : « Ne vous inquiétez pas de l'avenir ; il y aura moyen de vous occuper et de vous caser convenablement. » Son frère, curé de la paroisse Saint-Martin du faubourg de Saint-Dié, avec lequel il vivait, avait justement besoin d'un vicaire. Puisque l'abbé Menestrel était libre, c'était une belle occasion d'attirer à leur presbytère le jeune prêtre que tout le monde se serait disputé. Mais il faut dire qu'un autre motif avait encore fait pencher la balance en faveur du neveu de M. Thiébault : MM. Marchal étaient heureux d'acquitter entre les mains du neveu, la dette d'estime et d'affection qu'ils avaient de longue date contractée vis-à-vis de l'oncle. Mgr Caverot prêta volontiers les mains à cette combinaison qui arrangeait toutes choses. M. Marchal invita le jeune prêtre, dès le 14 mars 1871, à venir se « mettre peu à peu au travail » afin, disait-il, de lui épargner le danger que pouvait lui faire courir « une application subite et entière. » Sa nomination officielle est du 27 mars.

Est-ce téméraire de faire encore intervenir ici la Providence, — elle qui, de l'aveu de l'abbé Menestrel, a joué un grand rôle dans sa vie, — de supposer qu'elle a peut-être voulu amener sous les yeux de l'évêque un jeune prêtre dont le mérite, quoique exceptionnel, était si bien voilé d'humilité, qu'il n'eût probablement jamais été connu tout entier par les supérieurs, s'il n'avait eu pour témoin de tous les jours un prélat aussi observateur et aussi perspicace que l'était Mgr Caverot?

Les premières fatigues du ministère furent allégées à l'abbé Menestrel et par la sollicitude dont l'entoura son vénérable curé, M. Auguste Marchal, et par la présence de son prédécesseur, M. l'abbé Lacour, qui demeura encore quelques semaines avant de prendre la chaire de rhétorique du petit séminaire d'Autrey où l'avait appelé son talent distingué (1). Une véritable intimité, dont la mort seule a pu dénouer les liens, s'établit entre l'ancien et le nouveau vicaire.

Disons tout de suite pour n'y plus revenir, que M. Marchal quitta la cure du faubourg vers la fin de l'année pour devenir chanoine titulaire (2), et qu'il fut remplacé par M. l'abbé Bourgeois (3).

Sous ces deux excellents curés, l'abbé Menestrel put déployer à l'aise les dons précieux dont l'avait enrichi la Providence, et qu'il développait chaque jour par un travail assidu et une fidélité exemplaire à toutes ses résolutions.

Il ne fut cependant pas ce qu'on appelle, dans une langue beaucoup trop laïque, *un vicaire brillant*. Quelque remarquables que fussent ses qualités, il fallait peut-être un certain degré d'attention pour bien les voir : elles étaient plus en profondeur qu'en surface. Humble et modeste, quoique sans timidité intempes-

(1) M. l'abbé Lacour est aujourd'hui chanoine honoraire de Saint-Dié et second vicaire de Saint-Joseph, à Paris.

(2) M. Auguste Marchal suivit à Belley son frère dont il fut vicaire général, puis à l'archevêché de Bourges, où il remplit les mêmes fonctions, bientôt avec le titre épiscopal de Sinope *in partibus infidelium*. Mgr Marchal est aujourd'hui président général de l'Association de Saint François de Sales.

(3) M. Bourgeois est aujourd'hui curé d'Arches.

tive, sachant paraître et s'effacer selon les circonstances, ignorant ce que c'est que la pose, actif et dévoué, simple et droit, exact et régulier jusque dans les moindres détails, tel apparut le nouveau vicaire aux paroissiens du faubourg.

Rien dans son genre de prédication ne rappelait les grands orateurs, ni l'ampleur du geste, ni la puissance de la voix, ni les mouvements passionnés. Mais il ne montait jamais en chaire, fût-ce devant un auditoire facile, sans s'être soigneusement et consciencieusement préparé. Il écrivait tout, jusqu'à ses catéchismes de persévérance. Il gardera toute sa vie l'habitude de traiter avec un souverain respect la parole de Dieu. Quelque aisance qu'il ait acquise par un long usage de la prédication, très rarement il parlera en public sans avoir crayonné tout son discours ; seulement, devenu plus âgé, il ne s'astreindra plus à l'apprendre de mémoire. Nous possédons des monceaux de ses sermons, écrits à la hâte, presque illisibles : on sent qu'il les a composés dans un moment de presse, peut-être le soir ou pendant la durée d'une insomnie ; la pensée court plus vite que la plume et ne laisse pas à celle-ci le temps d'achever les mots : mais que d'idées riches, belles, touchantes s'alignent sur ces grandes feuilles noircies du haut en bas de traits d'une écriture difficile à déchiffrer. Donnez à ces discours un peu plus de fini, mettez quelques pensées en relief, polissez certaines phrases, enlevez de légères scories de facture et de style qui ternissent parfois l'éclat d'un or très pur, et vous obtiendrez facilement, je ne dis pas des chefs-d'œuvre de l'art oratoire, mais de bonnes et belles œuvres d'éloquence pastorale qu'on pourrait étudier avec un réel et sérieux profit.

Il forma et transcrivit de sa main un fort recueil des plus beaux textes des Pères, des saints et des écrivains pieux sur la Sainte Vierge, et il y puisait à pleines mains chaque fois qu'il avait à parler sur ce sujet, qui était l'un de ses thèmes préférés (1).

A la suite de la guerre et de l'annexion, la paroisse Saint-Martin prit peu à peu des développements considérables. De nouvelles et importantes industries s'y établirent, une quantité d'étrangers vinrent s'y fixer. Cette population à demi nomade n'était pas toujours facile à saisir, et pendant de longues années la paroisse ressembla bien un peu à un pays de mission. Le bien, si j'ose ainsi parler, ne pouvait s'y faire qu'en détail, et le ministère y était quelquefois très ingrat. Celui qu'y fit l'abbé Menestrel fut d'autant plus méritoire devant Dieu, qu'il eut moins d'éclat aux yeux des hommes. Son action fut réservée, prudente, discrète comme elle devait l'être, car en bon vicaire, il cédait toujours le pas à son très actif et très zélé curé; elle n'en fut que plus réelle et plus efficace. En pénétrant dans les maisons, soit pour visiter les malades, dont il prenait toujours grand soin, soit quelquefois pour s'informer et s'inquiéter des enfants, il semait sans en avoir l'air les bons conseils, les pieuses exhortations, et s'ouvrait le chemin des cœurs par cette patience, cette douceur et cette bonté qui décuplent la puissance du zèle.

Aucune corvée ne le rebutait, dès qu'elle avait une attache quelconque avec la gloire de Dieu ou le salut des âmes. Il se tenait du matin au soir au service de la paroisse, à la disposition des fidèles et de son curé, également prêt à toute besogne, sans avoir même la pensée de jamais se plaindre soit du surcroît de travail, soit de l'infériorité de celui qui lui incombait. Petites et grandes choses, il les traitait toutes avec la même exactitude, la même conscience poussée jusqu'au scrupule, parce qu'il s'était habitué de longue date à ne rien

(1) Dès le séminaire, son frère encore au noviciat lui écrivait « Je te félicite de parler si souvent de la Sainte Vierge. »

envisager des affaires de ce monde que par le côté surnaturel.

Il avait cependant ses œuvres de prédilection, c'étaient les catéchismes. Partout, il faisait bien : ici, qu'il s'agisse de l'enseignement ou de la discipline, il excellait. Le catéchisme a été la grande occupation, je pourrais dire la grande passion de sa vie sacerdotale. Pendant son vicariat, malgré les douces observations de Mgr Caverot et de M. l'abbé Bourgeois, qui craignaient pour sa chétive santé, il s'astreignit à garder sous sa main, chaque jeudi jusqu'à midi, ceux des enfants qui n'avaient pas su leur leçon. Chargé du catéchisme de persévérance des garçons, le plus laborieux de tous, il sut l'amener, malgré de réelles et nombreuses difficultés, à un tel état de prospérité, qu'on a pu dans la suite y trouver le noyau d'un florissant patronage de jeunes gens.

Cette œuvre l'attachait plus que toute autre à son cher vicariat du Faubourg. Un moment il eut peur d'être obligé d'aller dresser sa tente ailleurs, par suite de je ne sais quelles combinaisons qui, du reste, n'aboutirent pas. A la même époque (fin 1871 et commencement de 1872), il ressentait des palpitations de cœur, accompagnées de troubles et d'inquiétudes morales qu'il ne pouvait définir. Avec sa confiance habituelle, il s'en ouvrit à son frère ; celui-ci lui répondit par des conseils et des encouragements pleins de foi. « Je dois essayer de te consoler, lui dit-il, des petites misères dont tu me parles. Tu n'aimes pas à tant voyager et tu regrettes les œuvres que tu as commencées. Je désire que tout s'arrange à ton gré... Une maladie t'a forcé de quitter Neufchâteau, un remplaçant te forcera peut-être de quitter Saint-Dié. Ce sont autant d'étapes vers le ciel.» Tout s'arrangea, en effet, pour le mieux ; il y eut une amélioration dans sa santé, et il ne fut pas question de changement.

Un peu plus tard (août 1872), il eut la joie d'embrasser son frère, mais c'était pour lui donner le baiser de l'adieu définitif ici-bas. Ils se rencontrèrent à Bruyères, où le Frère Menestrel avait obtenu la permission de venir passer quelques jours avant son départ pour l'Extrême-Orient. Les deux frères ne devaient plus se revoir en ce monde. Au bas d'un carton sur lequel sont fixés quelques débris des vêtements des Pères Olivaint, de Bengy, Clerc, Ducoudray et Caubert, jésuites immolés en haine de la foi le 24 et le 26 mai 1871, l'abbé Menestrel a écrit ces mots : « Dernier souvenir de mon frère partant pour le Pé-tché-li oriental (Chine) comme missionnaire de la Compagnie de Jésus. *Pater noster qui es in cœlis, fiat voluntas tua, sicut in cœlo et in terra... In cœlo patria. In te, Domine, sperat per sanctam crucem uterque frater.* »

Nous avons un autre précieux témoignage de sa piété, dans ces lignes qu'il écrivit à la suite de la retraite ecclésiastique de 1874 : « Ne jamais manquer aucun exercice de piété du séminaire. Mieux vaut retrancher sur la quantité que d'en abandonner aucun, ne serait-ce qu'un seul jour. J'ai fait ma confession de retraite aussi bien qu'il m'a été possible. Dieu veuille que j'accomplisse désormais en toutes choses sa divine volonté ! Et daigne la Vierge Marie bénir les résolutions que j'ai prises. »

Cependant la réputation du jeune vicaire de Saint-Martin s'étendait peu à peu au-delà des limites de la paroisse. Quelque soin qu'il prît de voiler ses dons, il en perçait assez pour attirer l'attention des supérieurs. Les deux curés chez lesquels il vécut au faubourg lui vouèrent une affection mêlée d'estime et lui ont conservé ces sentiments jusqu'à sa mort. Un jour, mi-plaisant, mi-sérieux, M. l'abbé Bourgeois disait à des professeurs du grand séminaire : « Messieurs, tâchez de former d'aussi bons vicaires que le mien, mais vous n'en formerez pas de meilleurs. » Sa piété vive et profonde, sa régularité austère, son caractère aimable, son dévouement à toute épreuve, sa franche et naturelle humilité concilièrent à notre jeune abbé une confiance et un respect universels. Mgr Caverot le proposait comme modèle aux jeunes ecclésiastiques qui débutaient dans le ministère de sa ville épiscopale. Il saisissait toutes les occasions de lui donner des marques de son affectueuse estime (1).

On ne se doutait cependant pas que celle-ci dût se traduire bientôt par une nomination qui surprendrait tout le diocèse. En attendant, cet unanime concert d'éloges dont il arrivait forcément jusqu'à lui quelques échos, ne troubla cependant jamais l'humilité du vicaire de Saint-Martin.

En 1875, des changements importants eurent lieu dans le personnel du diocèse. Mgr Marchal, élevé aux honneurs de l'épiscopat, laissait vacante une place de vicaire général. Mgr Caverot jeta les yeux sur M. l'abbé Chapelier, curé-doyen de Plombières, dont il avait pu apprécier, pendant ses séjours aux eaux, le caractère élevé, l'esprit ouvert, le talent souple et multiple, l'infatigable activité et les rares aptitudes administratives. Quant au remplaçant de M. Chapelier, il n'alla pas le chercher bien loin : son choix spontané et tout à fait personnel se fixa immédiatement sur le vicaire de Saint-Martin.

Cette nomination, il faut bien le dire, fut accueillie tout d'abord avec une vive surprise. En pouvait-il être autrement ? Plombières est un poste important et dis-

(1) Le 5 août 1872, il le désigna entre tous ses collègues pour remplacer au bureau de la caisse diocésaine M. l'abbé Mathias, passé à la cure de Barembach. Il paraît qu'il fut sur le point de le nommer vicaire de la cathédrale, mais il y renonça et fit bien. Cet honneur n'eût pas grandi l'abbé Menestrel, et son départ eût été très préjudiciable aux œuvres du Faubourg.

tingué, qui va de pair avec les principaux du diocèse. On ne le confie qu'à des hommes mûris par l'âge et l'expérience, qui ont déjà fait leurs preuves ailleurs. Or l'abbé Menestrel n'avait encore rempli que les modestes fonctions de vicaire, il n'avait travaillé qu'en sous-ordre, n'avait jamais eu à prendre d'initiative dans des choses importantes, ne se révélait par aucune de ces qualités brillantes ou séduisantes qui captivent irrésistiblement, et de plus il n'avait pas vingt-neuf ans ! Monter ainsi, tout d'un coup, du dernier rang jusqu'à l'un des premiers, cela était contraire aux usages, aux traditions ; on n'avait jamais rien vu de pareil, peut-être (1) !

Mgr Caverot s'était dit toutes ces choses, mais n'en avait tenu nul compte. Une fois sa résolution prise, il fit appeler le nouvel élu, et sans se laisser toucher par les prières et par les larmes du pauvre vicaire anéanti de surprise et d'émotion, il lui dit ces paroles devant lesquelles il n'y avait plus qu'à incliner la tête : « Ce n'est pas à l'honneur, c'est au travail et à la peine que je vous appelle : allez avec confiance. »

Quand le diocèse apprit cet acte épiscopal, ceux qui connaissaient intimement le vicaire de Saint-Martin furent ravis et le dirent bien haut; ceux qui le connaissaient moins s'informèrent, et leur surprise alla s'affaiblissant lorsqu'on leur fit le portrait du jeune prêtre qui venait d'être placé tout d'un coup sur le chandelier. Mais personne ne songea à lui faire un crime de son élévation soudaine, tant on le savait humble, incapable d'ambition, incapable aussi de se gonfler de sa situation nouvelle. Les plus réfractaires, tout compte fait, ne

(1) Ce qu'on n'avait jamais vu, en effet, c'est un vicaire devenant d'emblée curé de canton. Ainsi, M. l'abbé Mathieu avait bien été nommé presque au même âge curé de Rambervillers, mais outre que cette nomination remontait déjà haut (1839), le nouveau doyen, après son vicariat à la cathédrale, avait passé, rapidement il est vrai, par deux autres postes assez importants.

virent à critiquer que la jeunesse du nouveau doyen : heureux défaut quand il est seul, et qui pourrait bien n'être, en certains cas, qu'une bonne et belle qualité de plus ! « Monseigneur m'a bien réjoui, lui écrivit l'un de ses condisciples de séminaire, quand, avant-hier soir à Neufchâteau, il nous a annoncé le haut grade auquel il vous élève, et je puis vous dire que si toute l'assistance a d'abord *admiré*, ça été une admiration d'approbation et de reconnaissance. » Cette appréciation particulière rend assez bien, à mon avis, l'impression générale. Mais le mot le plus juste, le plus vrai, le plus surnaturel dans cette circonstance, fut prononcé, comme de raison, par le vénérable abbé Conraud. Il voyait enfin clairement le pourquoi secret de son échec dans les démarches tentées cinq ans auparavant pour attacher son plus cher élève à l'établissement qui était toute sa vie : « Tu étais destiné à être curé de Plombières, lui dit-il; M. Thiébault, ton cher oncle, y a été vicaire ; il y a été, je crois, nommé curé ; tu devais achever la mission commencée. Il y a bien longtemps que je te nomme là, moi qui ne suis rien dans les affaires de l'évêché, et je trouve la chose si naturelle que je songe à peine à t'en féliciter. Je félicite simplement cette bonne paroisse de Plombières; en toi elle retrouvera l'ancien vicaire dont le souvenir ne doit pas être complètement perdu; elle retrouvera M. l'abbé Balland, le doux et zélé ami de ton brave oncle. Courage donc, cher Edmond, te voilà en pleine tradition, et le bon Dieu fera le reste. *Je pardonne seulement aujourd'hui à l'autorité épiscopale de t'avoir détourné du chemin du professorat.* »

Plusieurs années après, le cardinal Caverot, archevêque de Lyon, recevait la visite de quelques-uns de ses diocésains qui revenaient des eaux de Plombières. Il se mit tout de suite à leur parler de l'abbé Menestrel : « Ah ! dit-il avec une visible satisfaction, ce choix-là, c'est moi, et moi seul qui l'ai fait. »

Mgr Caverot avait, à un degré remarquable, le don de pressentir les hommes, de deviner leurs talents, leurs aptitudes et leurs ressources, et il savait assez généralement les placer là où leurs qualités naturelles ou acquises se déploieraient avec le plus de succès. Dans sa longue carrière épiscopale, il a fait bien des choix aussi heureux qu'habiles; mais il n'a jamais été ni plus habile ni plus heureux que le jour où il se sentit inspiré de nommer l'abbé Menestrel à la cure de Plombières.

IV

Le Curé.

La Paroisse. — L'Installation. — Le Presbytère.

Coquettement blottie au fond d'un étroit entonnoir, enserrée entre deux montagnettes presque à pic qui l'étreignent au nord et au midi comme les mâchoires d'un étau, la petite ville de Plombières-les-Bains a une physionomie à part, tout à fait caractéristique, parmi ses sœurs les cités vosgiennes. Elle s'éveille à chaque printemps avec la saison thermale, et prend pendant trois mois des airs de boulevard parisien. Puis elle retombe pour le reste de l'année dans un doux et paisible sommeil, à peine troublé par le va-et-vient quotidien des nombreux ouvriers de son importante usine métallurgique.

De la route du Val-d'Ajol ou du terre-plein de la Vierge, l'œil se repose, non sans charme, sur un fouillis de toitures et de balcons d'où émerge, comme une fine aiguille, la haute flèche ouvragée qui couronne la belle tour octogonale de la nouvelle église.

La *Vierge*, cette statue que la reconnaissance des habitants éleva jadis à Marie en actions de grâces de la préservation du choléra, et sur laquelle elle a inscrit ces paroles d'une touchante simplicité : *Custodem me posuerunt*, domine la ville du côté du nord, et offre un but de promenade aussi pieux que pittoresque.

La population de Plombières s'est fait remarquer de

tout temps par un esprit profondément religieux, qui fait l'admiration et quelquefois l'étonnement des étrangers. Joignez-y une urbanité et une politesse qui tranchent sensiblement sur les mœurs du voisinage, et qu'elle a sans doute puisées dans son contact avec le monde élégant qui fréquente ses eaux.

Outre la ville proprement dite, qui ne compte pas 1,900 âmes, la paroisse comprend une autre commune nommée *Les Granges-de-Plombières*, disséminée dans la campagne sur un ruban long de neuf à dix kilomètres et large de trois à quatre. Les deux communes réunies forment, pour la paroisse entière, un groupement total d'un peu plus de 3,000 habitants.

Dans l'espace de près d'un siècle (1803-1897), Plombières n'a eu que quatre curés. Les longues administrations sont presque toujours fécondes ; aussi nulle paroisse dans le diocèse de Saint-Dié ne possède des institutions plus prospères, et des œuvres plus nombreuses et plus florissantes.

Au Concordat, elle reçut pour pasteur un vénérable confesseur de la foi, l'abbé Maffioli (1803-1836). Homme distingué, de bonnes manières, il sut plaire à ses ouailles non moins qu'à la société passablement mêlée qui fréquentait les eaux sous le premier Empire, et où les anciens émigrés se coudoyaient avec les généraux de Bonaparte et les célébrités issues de la Révolution (1). L'abbé Balland qui vint ensuite (1837-1868),

(1) L'abbé Maffioli n'en était pas moins, même sous l'Empire, un fervent royaliste qui dissimulait peu ses préférences politiques et les discutait volontiers avec les hôtes de la station thermale. Miss Sarah Newton, plus tard Madame de Tracy, en touche quelques mots dans son charmant *Voyage à Plombières en 1808*, publié par Louis Jouve (Epinal, 1881). En 1814, le curé de Plombières se signala par un acte hardi qui fit du bruit à cette époque où les partisans de Napoléon étaient encore fort nombreux. Le comte d'Artois, rentrant en France, devait traverser Plombières et arrivait par la route de Besançon. Un arc-de-triomphe, qu'on n'eut

s'est créé à Plombières, dans l'estime et la reconnaissance publique, une place à part, due à sa charité inépuisable et à son extrême bonté qui, toutefois, ne se séparèrent jamais chez lui d'une fermeté vraiment apostolique. Après trente ans son souvenir est resté encore très vivant (1). C'est pendant son ministère que fut

pas même le temps d'achever, fut dressé à la hâte à peu près à l'endroit où se trouve aujourd'hui la gendarmerie ; l'inscription peinte sur toile ne put être fixée à temps, de sorte qu'on la fit tenir par des hommes dissimulés derrière le massif. L'abbé Maffioli, revêtu de son habit de chœur et entouré de son clergé, des chantres et des enfants, vint prendre la tête du cortège, et harangua le prince. Une pareille démarche, la première en France de cette nature, et dans de telles circonstances, ne pouvait manquer d'attirer l'attention sur un ecclésiastique d'ailleurs très estimé et très distingué ; elle le désignait d'emblée aux faveurs gouvernementales ; mais l'abbé Maffioli, dénué de toute ambition personnelle, ne voulut jamais user de son crédit qu'en faveur de parents très pauvres.

Né à Raon-l'Etape, le 15 décembre 1747, d'une famille d'origine italienne, Jean-Nicolas Maffioli fut ordonné prêtre en 1771, puis devint successivement chapelain à Saint-Dié, vicaire résident de Jussarupt, enfin curé de Rabiémont (aujourd'hui Villers-Rabiémont, près Mirecourt), au concours du 5 septembre 1781, fut dépossédé pour refus du serment constitutionnel en 1791, et déporté en 1792. Il est mort à Plombières le 11 novembre 1836, et il a été inhumé dans la partie supérieure du cimetière, où l'on voit encore sa tombe. A Plombières, il eut pour vicaire son frère, l'abbé Joseph ou *Joson*, mort le 22 juin 1829, et enterré aussi à Plombières, ainsi que leur sœur commune, qui ne s'est éteinte qu'en 1850, à l'âge de quatre-vingt-trois ans, entourée de l'estime et du respect de tous.

(1) Pendant d'assez longues années, M. Maffioli, vieux et infirme, ne pouvait plus gouverner la paroisse que par ses vicaires. De là, un « remontage » nécessaire, dont M. Balland fut l'habile et heureux ouvrier. On se figurerait difficilement la vénération dont il était entouré à Plombières. Après avoir voulu l'enlever, de haute lutte, en 1851, pour la cathédrale, Mgr Caverot dut céder aux supplications du curé et des paroissiens. Mais, dix-sept ans plus tard, se sentant affaibli et craignant de ne plus pouvoir suffire aux obligations de sa lourde charge, le pieux et modeste pasteur prit le parti de demander lui-même sa retraite, et il songeait à une humble et petite cure de la plaine, lorsque Mgr Caverot l'appela à occuper une des stalles du Chapitre, dont il faisait déjà partie depuis longtemps comme chanoine honoraire. Cette fois, la population respecta

construite la belle église ogivale dans le style du XIVe siècle, à laquelle il ne manque qu'un transept pour être un vrai monument. Nommé, sur la fin de sa vie, chanoine titulaire de Saint-Dié, il fut remplacé par M. l'abbé Chapelier (1868-1875). Celui-ci eut à liquider une lourde situation financière, résultat des dépenses entreprises pour l'ameublement de la nouvelle église, et non seulement il y réussit au delà de toute espérance, mais il parvint à en compléter presque en entier l'ornementation intérieure. C'est à lui qu'on doit entre autres, la chapelle du Sacré-Cœur, les splendides verrières, le monumental et précieux ostensoir, en même temps qu'il préparait de loin la future école des Frères (1).

Dans cette galerie d'excellents curés, M. l'abbé Menestrel figure à son rang, sans avoir à redouter le voisinage d'aucun de ses distingués prédécesseurs. Au surplus, chacun d'eux y conserve sa physionomie propre, sa valeur spéciale, sans nuire à ses voisins et sans être éclipsé par eux.

Tous ont été les hommes de leur temps, des œuvres particulières et déterminées que celui-ci rendait nécessaires ; tous ont honorablement rempli la mission que la Providence leur avait départie.

L'abbé Balland n'avait pas été le premier successeur désigné de M. Maffioli. Le choix de l'évêque, Mgr de Jerphanion, s'était porté tout d'abord sur un ancien vicaire du curé défunt, et ce vicaire n'était autre que

la volonté bien arrêtée de son pasteur, mais ne le vit pas s'éloigner sans un immense regret, qui, au bout de huit ou dix ans, j'ai pu le constater, semblait encore presque aussi vif que le premier jour. L'abbé Balland était, en effet, un admirable curé, quoique moins apte peut-être au maniement des affaires purement temporelles. Né en 1802, il est mort à Saint-Dié le 10 janvier 1871, et a été inhumé à Sainte-Hélène, son pays natal.

(1) Après avoir rempli avec une grande distinction, pendant quinze ans, les fonctions de vicaire général (1875-1890), M. Chapelier est aujourd'hui vicaire général honoraire et curé-archiprêtre de Neufchâteau.

l'abbé Thiébault. Nous avons entendu tout à l'heure M. Conraud rappeler ce souvenir et, dans son grand esprit de foi, rattacher les deux nominations, celle de l'oncle et celle du neveu, à un dessein providentiel, qui voulait faire continuer à l'un la mission ébauchée par l'autre. Quoi qu'il en soit de ce rapprochement, ce ne sera pas sortir de notre sujet que de nous arrêter ici un instant sur ce prêtre vraiment éminent, puisqu'il sera toujours question et de Plombières, et, indirectement du moins, de M. Menestrel.

L'abbé Thiébault, à peine ordonné prêtre à Nancy (en 1823), fut réclamé par le curé de Plombières, qui voulait à tout prix se l'attacher comme vicaire. Dans les *Souvenirs de famille*, son père nous apprend qu' « il plut beaucoup par son zèle dans le ministère et par sa bonne conduite, » et bien que ce témoignage émane de la plume paternelle, il n'en est peut-être que plus impartial, car le sévère docteur n'a pas l'habitude de flatter ses enfants, et l'abbé moins encore que les autres. Actif, assez entreprenant, doué d'initiative, le jeune vicaire fut bientôt en relations avec un médecin du pays, le docteur Turck, sorte de bourru bienfaisant, qui faisait à la fois de la médecine et de la philanthropie. M. Turck lui proposa de s'unir à lui pour fonder en commun un petit hôpital où les pauvres du pays seraient soignés gratuitement. L'abbé était jeune, il voyait du bien à faire et ne désespérait pas de ramener le médecin peu croyant à des sentiments plus religieux; il donna donc dans le projet avec enthousiasme.

Une quête faite à Plombières par ses soins rapporta sept ou huit lits montés, une foule d'ustensiles de ménage, et tout ce qu'il fallait pour meubler la nouvelle maison. Le docteur, de son côté, se chargea du loyer, qui était de cinq louis, ou 120 francs par an, ce qui autorisa les malins du pays à baptiser l'établissement du nom d'hôpital *Saint-Louis*.

Malgré les plaisanteries, tout allait pour le mieux, les malades ne manquaient pas, et le docteur Turck avait cessé de propager dans le pays un certain *Almanach du peuple* où s'étalaient des idées protestantes et rationalistes (1).

Malheureusement l'étrange association du vicaire et du médecin à demi libre penseur ne plut ni au père de l'abbé ni à l'évêché. Devant cette double désapprobation, quoique formulée, la seconde du moins, dans les termes les plus affectueux et même les plus flatteurs, l'abbé n'hésita pas, il demanda son déplacement. On le nomma vicaire administrateur de Docelles, puis bientôt curé de cette assez importante paroisse, après la mort du titulaire, M. Krantz.

L'abbé Thiébault était véritablement un esprit supérieur coté très haut à l'évêché, mais son indépendance d'allure et de langage déconcertait souvent les bonnes intentions de ses chefs hiérarchiques, au grand désespoir de son père qui lui en faisait inutilement de vifs reproches. Dénué de toute ambition, il semblait prendre autant de soin pour échapper aux honneurs qui le cherchaient, que d'autres en prennent pour les conquérir. Malgré ses démêlés avec le préfet et d'autres administrateurs, l'évêque, après avoir songé à lui pour Raon-l'Etape, le nomma à Senones, mais ne put enlever son consentement. La nomination de Plombières n'eut pas meilleur succès. Au fond, sa vocation n'était pas là. Mgr de Jerphanion le comprit bientôt, et n'insista plus, car il entrevoyait déjà dans cet ecclésiastique éminent le futur chef de l'établissement d'instruction secondaire qu'il rêvait de créer dans son diocèse (2).

(1) Il envoyait ses bonnes le vendre sur les foires du pays.

(2) Dans le projet primitif, M. Thiébault devait être le chef du nouveau collège, et il s'était déjà assuré le concours de M. Henry, curé de Monthureux-sur-Saône, et de M. Chapia, curé de Damas-devant-Dompaire. On n'était pas encore fixé sur le choix de la loca-

On me pardonnera d'autant plus volontiers de m'être étendu sur ces souvenirs de paroisse et de famille, qu'on peut en dégager une page intéressante de notre histoire diocésaine. Mais n'est-il pas remarquable de voir la Providence, après un demi-siècle, ramener le neveu dans le champ que l'oncle avait commencé à cultiver ? Ceux qui sont curieux de ces sortes d'observations pourront même saisir entre les deux parents quelques ressemblances relevées par plus d'un contraste. Tous les deux sont également des hommes d'initiative, d'œuvres, d'entreprises : l'oncle avec plus de vivacité, de fougue et d'entrain ; le neveu, avec plus de calme, de diplomatie, de sens pratique. L'un est un créateur, un organisateur incomparable ; l'autre crée et organise aussi, mais surtout il conserve et développe lentement. Il n'entreprend rien sans avoir tout prévu, tout calculé, mais il ne lâche jamais rien de ce qu'il a une fois entrepris, il a au plus haut degré ce qu'on

lité où il serait établi. L'abbé Thiébault visita successivement Lamarche, Bulgnéville, Rambervillers, Bruyères et Ubexy. Mgr de Jerphanion comptait sur le clergé de son diocèse pour fournir les frais de premier établissement, et à cet effet, il envoya des prêtres quêter dans tous les arrondissements ; l'abbé Thiébault fut chargé de celui de Remiremont. Mais on ne recueillit qu'environ 20,000 francs, tant en dons qu'en promesses. Des curés importants, tels que M. Perrin, de Châtenois, refusèrent de s'intéresser à l'œuvre, sous le prétexte que les ecclésiastiques aux mains desquels elle devait être confiée avaient été des partisans de Lamennais, ce qui était vrai pour l'époque où on pouvait l'être sans faute, mais ce qui ne l'était plus depuis longtemps, car ils s'étaient tous soumis sans hésitation au premier mot venu de Rome ; l'adhésion de M. Thiébault, en particulier, aux Encycliques de Grégoire XVI fut aussi prompte que spontanée. Découragé par ces difficultés, l'évêque renonça à son projet, et l'argent versé fut rendu aux souscripteurs.

Ceci se passait en 1837. L'année suivante, M. l'abbé Henry et M. l'abbé Trompette, ancien principal du collège d'Epinal et curé de Lamarche, reprirent l'affaire pour leur propre compte, et sollicitèrent la coopération de l'abbé Thiébault. Après de longues hésitations et malgré l'opposition de son père, mais avec le plein consentement de son évêque, celui-ci donna son adhésion. Le appelle « l'esprit de suite », ce don plus précieux et bien plus rare que l'audacieux élan qui emporte le succès d'assaut. Par ce côté, il rappelle plutôt la froide ténacité du médecin son grand-père ; c'est moins brillant, c'est peut-être plus méritoire, parce que c'est plus difficile.

Quand l'abbé Menestrel dut venir à Plombières, on se rappela son oncle, et M. Marchal, l'ancien curé du Faubourg devenu vicaire général de son frère l'évêque de Belley, lui écrivit (16 oct. 1875) : « Pour peu que vous creusiez dans ce sol chrétien et fertile, vous y rencontrerez des traces encore visibles, j'en suis sûr à l'avance, de votre oncle si digne et si vénéré, M. Thiébault. Il n'a été que vicaire là où vous allez exercer l'autorité du pasteur, mais des hommes de sa valeur laissent aisément une empreinte ineffaçable sur toutes les œuvres où ils ont mis la main, à quelque titre qu'ils l'aient fait. » M. Conraud, nous l'avons vu, exprimait déjà la même pensée, bien naturelle chez ceux qui avaient connu et vu de près cet homme plus qu'ordinaire.

13 août 1838, ils passèrent contrat en leur nom collectif pour l'acquisition à Lamarche des bâtiments de l'ancien couvent des Trinitaires, au prix de 40,000 francs. Le collège s'ouvrit le 30 octobre de la même année, avec quarante pensionnaires. M. Henry eut le titre de principal et la supériorité plus honorifique que réelle ; M. Thiébault reçut celui de directeur, et M. Trompette remplit les fonctions d'économe tout en gardant sa cure, « ce qui n'était pas trop maladroit, » écrit malicieusement le docteur Thiébault. Un an après, il y avait cent pensionnaires et sept ou huit externes. Nous ne suivrons pas les péripéties de cette affaire, dont l'histoire a déjà été esquissée ailleurs (Voir la *Semaine religieuse de Saint-Dié*, 1887, pages 713 et suivantes). Disons seulement que l'association Henry-Thiébault-Trompette ne put subsister bien longtemps. L'abbé Trompette se retira le premier. L'abbé Thiébault se sépara de l'abbé Henry en 1849, entraînant avec lui plusieurs professeurs, et alla fonder à Bruyères, dans son pays natal, l'institution Saint-Nicolas, qu'il transporta, en 1855, à Rambervillers. C'est là qu'il est mort, comme on l'a déjà vu, le 15 mars 1858. Ses restes reposent à Bruyères, dans le tombeau de famille.

Je ne crois pas cependant qu'il fût resté de M. Thiébault à Plombières des souvenirs bien précis quand son neveu y arriva cinquante ans plus tard. Un vicariat d'un an et demi pouvait-il laisser des traces profondes, surtout des traces durables, et les quelques vieillards qui avaient vu l'abbé Thiébault ont-ils été, dans leur jeunesse, assez frappés de ses qualités pour en conserver une si longue mémoire (1) ?

Quelques personnes cependant prononçaient encore son nom, mais celui dont on se rappelait était moins l'ancien vicaire à peu près oublié, que le spirituel auteur d'un almanach humoristique et d'autres écrits tout pétillants d'esprit et de bon sens que le curé de Docelles lança, bien des années plus tard, comme des brûlots, contre les phamphlets voltairiens de son ancien associé de l'hôpital des *Cinq-Louis*, le docteur Turck (2).

(1) J'ai constaté que vers cette époque (1876), la mémoire de M. Maffioli lui-même était déjà bien effacée. Cependant les vieilles familles de Plombières se sont transmises par tradition le souvenir d'une qualité de M. l'abbé Thiébault, qui parait avoir été chez lui tout à fait remarquable, celle d'habile directeur des consciences et de juge très sûr des vocations. Il n'avait cependant alors que vingt-quatre ou vingt-cinq ans. Il ne faut donc pas s'étonner si plus tard beaucoup de personnes, et surtout des religieuses, recherchèrent sa direction. C'était également un habile controversiste. Il entretint jusqu'à sa mort une correspondance suivie avec plusieurs protestants de marque qui lui soumettaient leurs objections.

(2) Un almanach, publié en 1830, auquel le docteur Turck opposa la *Lettre du père Simon*, puis *le nouveau Nostradamus et sa servante*, deux dialogues assez piquants dans un almanach intitulé Soli Deo, imprimé chez Faguier, à Epinal, en réponse à une diatribe du docteur contre les prêtres.

Je puise ces renseignements bibliographiques et ces appréciations dans les *Souvenirs de famille* du docteur Thiébault, car je n'ai pu me procurer ces plaquettes devenues rarissimes. En existe-t-il encore des exemplaires à Plombières ou dans les environs ? Ce serait intéressant à savoir.

Le docteur Turck ne garda pas rancune à son spirituel antagoniste. Je possède de lui deux lettres très curieuses, de 1854, où il appelle à plusieurs reprises l'abbé Thiébault, son « cher et vieil ami. » Il y est question de médecine et de religion. Le docteur

L'installation solennelle de M. l'abbé Menestrel fut fixée au dimanche 10 octobre 1875. Le jeune doyen avait été accueilli dans sa nouvelle paroisse avec respect et sympathie. On sut que le choix était l'œuvre de Mgr Caverot, connu et populaire à Plombières, et l'on eut tout de suite confiance. Cependant quelques esprits se sentaient portés à la critique : « C'est un enfant qu'on nous envoie ! » disaient-ils avec une pointe d'ironie et de mauvaise humeur. Ils ne tardèrent pas à s'apercevoir que le prétendu « enfant » était bel et bien un homme ; leurs préventions tombèrent rapidement, pour se changer en admiration enthousiaste et presque passionnée.

La cérémonie fut présidée par M. le chanoine Damien, curé de Remiremont, qui, dans un magistral discours digne de cet orateur réputé le plus éminent du diocèse, présenta le jeune pasteur à sa paroisse et en fit un éloge aussi élevé que délicat. Mais on attendait avec impatience la première parole du nouveau curé. Elle fut ce qu'elle devait être dans la bouche d'un prêtre aussi humble et aussi surnaturel. Son texte était déjà tout un programme dont sa vie sacerdotale et pastorale tout entière a été la frappante réalisation : *Filius hominis non venit ministrari, sed ministrare, et dare animam suam redemptionem pro multis* (1). « Ce n'est point sans une profonde émotion, s'écria-t-il, que je monte pour la première fois dans cette chaire afin

lisait force apologistes, en particulier le cardinal Wiseman et Auguste Nicolas. Il avoue avoir fait un pas vers le Christianisme, mais ce pas ne l'avait encore conduit que jusqu'aux Quakers : « C'est quelque chose déjà pour un Turc, » écrivait-il. Il ajoute : « Ferai-je un pas de plus ? Je ne le crois pas. » Il paraît cependant qu'il fit, au bon moment, ce pas-là, et tout à fait complètement. Ses relations avec l'abbé Thiébault n'ont-elles pas préparé cet heureux dénouement ?

(1) « Le Fils de l'homme n'est pas venu pour être servi, mais pour servir et donner sa vie pour la rédemption d'un grand nombre » (Math., xx, 28).

d'adresser à la paroisse que Monseigneur vient de confier à mes faibles mains la parole de l'arrivée. » Il se répandit en protestations de tendresse et de dévouement pour ses nouveaux paroissiens, les assurant qu'il les considérait désormais comme sa famille, et les priant de le regarder comme un des leurs. « Vous aussi, mes Frères, leur dit-il, n'est-il pas vrai, vous me donnerez votre attachement ; j'y tiens et j'y compte : car si vous ne me le donniez pas, mon ministère parmi vous serait stérile ; or mon ambition est qu'il soit fructueux. Vous vous attacherez à moi parce que je viens parmi vous pour y être, quoique indigne, le représentant du Dieu de bonté et de miséricorde ; vous vous attacherez à moi parce que je viens à vous, apportant une parole de paix, de concorde et de sainte union ; vous vous attacherez à moi parce que je viens avec le désir et la volonté ferme de me consacrer à vous tout entier, moi, mon temps, mes forces, ma vie..... Vous vous attacherez à moi parce que je viens prendre ma part dans l'éducation de vos enfants..... Puisque j'ai prononcé ce nom, je vous le révélerai, ils seront la portion chérie du troupeau ; vous ne m'en voudrez pas qu'il en soit ainsi : vos enfants sont ce que vous avez de plus cher au monde, ils sont votre espoir et l'espoir de l'avenir ; et puis j'espère par eux attirer sur vous et sur moi le regard bienveillant et les bénédictions de Celui auquel nous devons tâcher de plaire. »

Il s'engagea, vis-à-vis de ses nouvelles ouailles, à « n'épargner ni les travaux, ni les sueurs, ni les fatigues, ni même la vie, » pour procurer leur salut, et ceux qui ont suivi de près son ministère peuvent dire si c'étaient là de simples mots, ou bien plutôt un de ces actes voulus et réfléchis auxquels on donne toute la valeur d'un serment.

« Je ne me fais point d'illusion, disait-il encore : mes Frères, la tâche qui vient d'être placée sur mes épaules et que j'aurais voulu fuir, parce que je ne me sens guère capable de la porter et que d'autres l'eussent remplie mieux que moi, est au-dessus de mes forces. J'ai tremblé lorsque j'ai comparé ma faiblesse à l'étendue de mes devoirs. J'ai tremblé surtout, lorsque j'ai pensé à la responsabilité qui désormais allait m'incomber et dont je porterai le poids devant le tribunal de Dieu. Dois-je cependant au milieu de cette crainte si naturelle et si fondée perdre confiance ? Non, ce serait vous offenser, ce serait oublier tout ce qui m'a été dit de vous, de votre bienveillance, de votre générosité, de votre dévouement et surtout de votre religion et de votre piété, choses si propres à attirer vers vous. Ce serait surtout offenser Dieu. »

Enfin il sut trouver dans son cœur un mot délicat, pour son très digne installateur, pour ses prédécesseurs immédiats, M. Balland « de si sainte mémoire, dont le souvenir demeure ici impérissable », et M. Chapelier « que Sa Grandeur a distingué et choisi pour faire de lui son conseil et partager l'administration de son diocèse. — Il a passé sept ans, ajoutait-il, au milieu de vous en faisant le bien et en sauvant les âmes ; Dieu a béni son ministère et ses œuvres, et vous lui avez voüé votre affection et votre reconnaissance. »

Le nouveau curé avait dit en s'installant qu'il venait pour « servir » : il aurait pu ajouter, avec autant d'à-propos qu'il venait pour « travailler. » A peine arrivé, il voulut connaître à fond le terrain qu'il avait mission de défricher, de labourer et de semer, et à cet effet il entreprit la visite de toute la paroisse. Après avoir vu les personnes dont il devait faire tout de suite la connaissance, ou que les convenances lui ordonnaient de ménager, il commença à dessein sa tournée pastorale par la route d'Epinal, voulant avant tout se montrer aux pauvres et aux ouvriers, qui resteront toujours, avec les enfants, la grande et constante sollicitude de sa vie.

Cette visite continuée sans relâche pendant deux hivers consécutifs (1876 et 1877), souvent coupée par les mille embarras d'un ministère très chargé, produisit la plus salutaire impression. Elle acheva d'attirer toutes les affections au jeune et sympathique curé, qui se prodiguait littéralement, sans s'accorder un moment de relâche, pour le bien de ses paroissiens. Quant à lui, mieux au courant de leurs besoins, de leurs aspirations et de leurs habitudes, il saisit bien vite avec son esprit merveilleusement pratique les points de contact par où il aborderait plus facilement leurs esprits et leurs cœurs, et il put se tracer un plan de conduite pastorale qui fut suivi jusqu'au bout avec une sûreté parfaite.

Avant même de connaître sa nouvelle paroisse il s'était dit qu'il n'en aurait jamais d'autre. Il aurait pu prendre pour texte de son premier discours ces paroles de nos Livres saints : *Sponsabo te mihi in sempiternum* (1). Plombières fut toute sa vie. On lui aurait arraché le cœur avant de l'arracher lui-même à sa chère paroisse. Il ne pouvait la quitter, même pour quelques jours, sans ressentir je ne sais quel malaise, une sorte d'inquiétude qui se traduisait par un besoin d'écrire et de recevoir des nouvelles ; il fallait qu'on lui parlât de tout, des enfants, des malades, des catéchismes, des œuvres ; il ne se tranquillisait que quand on lui assurait que tout allait bien.

Dans ces premières années, les plus belles et les plus agréables de sa vie pastorale, — plus tard, hélas ! il subira de cruelles luttes, — il se donnait à toute besogne sans compter, empiétant même à l'occasion sur celles que l'usage réservait à son vicaire, non seulement pour connaître plus vite ses ouailles, mais aussi pour satisfaire et contenter les fidèles qui aimaient à le voir s'occuper lui-même de leurs besoins, de leurs intérêts,

(1) Osée, II, 19.

de leurs affaires. Il n'était pas né beaucoup homme du monde, il le devint assez pour atteindre toutes les classes et y faire accepter la salutaire et bienfaisante influence du prêtre. Mais il le devint dans la juste mesure, sans cesser d'être digne, et d'imposer à tous, grands et petits, le respect de son caractère éminemment sacerdotal. Les nombreux étrangers qui fréquentent les eaux subirent promptement le charme qui s'exhalait de ses manières, de son langage, de toute sa personne simple, aimable et grave. Lui-même les traitait en tout comme ses paroissiens, s'intéressait à leurs peines, à leurs soucis, se dévouait avec un zèle infatigable à leurs âmes et à leurs intérêts spirituels. Eux, de leur côté, lui vouèrent une affection et une confiance qui se sont traduites, en particulier, par un large et généreux concours à toutes ses œuvres.

Les malades eurent tout de suite une grande part dans sa sollicitude. Il multipliait à leur lit de souffrance ses visites toujours attendues avec impatience, tant il avait le don de les consoler, de les encourager, de les réjouir même, par sa bonne humeur et quelquefois par ses paroles enjouées, toujours affectueuses, par la délicatesse de ses attentions pour eux ; et surtout parce que, avec tout cela, il les visitait toujours en prêtre, la bouche pleine de ces pensées élevées, de ces exhortations surnaturelles que la douleur accueille plus facilement parce qu'elle rapproche les âmes de Dieu.

On disait de lui : « C'est un second M. Balland », et certes, pour qui sait en quelle vénération cette grande mémoire était restée à Plombières, ce n'était pas un éloge banal dans la bouche de ses paroissiens.

Telle était la vie du dehors. Celle de l'intérieur, au presbytère, fut réglée dès le premier jour sur le pied d'une vraie vie de famille. Très confiant, très ouvert vis-à-vis de ses vicaires, M. Menestrel les traitait avec une aimable et délicate familiarité. Il les mettait volontiers au courant de ses projets, de ses entreprises, allant même parfois jusqu'à solliciter leur avis, obtenant d'eux par ses bons procédés un concours dévoué pour une foule de choses utiles au bien, car comment lui refuser ce qu'il semblait demander comme un service alors qu'il aurait pu l'imposer comme un devoir ? Mais il devenait d'un secret impénétrable, même vis-à-vis de ses amis les plus intimes, pour tout ce que l'on confiait à sa prudence et à sa loyauté.

Ses premiers vicaires avaient été ses condisciples au séminaire, et cette circonstance, en le constituant très jeune encore le chef de ceux qui avaient pu se considérer presque comme ses égaux, ne laissait pas que de créer entre eux et lui une situation un peu délicate. Son tact parfait et surtout son grand cœur eurent tout de suite raison de cette réelle difficulté. Tout en gardant son rang, sans rien lâcher de son autorité, il sut déployer dans les relations journalières tant de condescendance, tant de grâce, que toute occasion de froissement et de susceptibilité fut écartée. Les rapports se nuancèrent ici de bonté et de confiance, là d'affection et de respect, de manière à éviter le double écueil d'une familiarité excessive ou d'une glaciale réserve.

Il dirigeait ses vicaires avec un art consommé, mais avec tant de finesse que c'est à peine s'ils s'en apercevaient. Il a réussi à les attacher tous à sa personne, à leur inspirer le plus absolu dévouement à ses projets, à ses œuvres et à ses entreprises. Ce n'est là ni le moindre de ses mérites, ni le plus petit de ses succès.

Sa maison, tenue sur un excellent pied par sa tante et par sa sœur, était largement ouverte à tous ceux qui voulaient le visiter ou qui avaient à lui parler. Amis et inconnus y recevaient l'accueil le plus engageant. Ses confrères surtout y entraient comme chez eux ; jamais il n'était plus content que lorsque l'un d'eux venait sans façon s'asseoir à sa table hospitalière. Son caractère, aussi aimable que sérieux, s'accommodait pourtant d'une franche gaîté. Aux heures nécessaires de relâche et de récréation, nul n'était plus spirituel que lui, quand il le voulait, et il le voulait souvent, surtout avec ses confrères. D'un mot, il savait faire rebondir la conversation, et entretenir un feu roulant d'agréables et inoffensives plaisanteries qu'il soulignait de son rire sonore et loyal. Après tout, c'était son seul repos, le seul moment de répit au milieu de ses écrasants labeurs. Mais il n'usait de son esprit qu'avec réserve, il en émoussait la pointe pour ne blesser personne. Je ne crois pas qu'il lui soit jamais arrivé de faire volontairement de la peine à qui que ce soit.

C'était donc une aimable maison que le presbytère de Plombières, avenante et gaie, douce et pleine d'agrément. On y travaillait ferme, mais les récréations étaient bonnes, aussi la plupart du temps on ne demandait qu'à y rester longtemps. Tout ce charme venait du maître ; c'est lui qui savait le répandre autour de lui. « Tu trouves, lui disait son frère, que la Providence te gâte en te donnant une si bonne paroisse, une si bonne sœur, un si bon vicaire, une si bonne école ; en vérité, je crois que c'est eux que le bon Dieu gâte en leur donnant un pasteur de si bon caractère et de si bon cœur. » Et une autre fois, il lui disait en reproduisant ses propres paroles : « Souvent je te vois avec tes vicaires « à qui tu ne rends pas la vie dure » et que « tu ne laisses pas aller loin » quand ils te quittent, ce à quoi ils n'ont pas « l'air de penser. » Tu as toujours le même bon cœur qui te fait aimer et de Dieu et des hommes. » Paroles admirablement justes sous leur forme légèrement plaisante. Après vingt ans et plus de séparation, à deux ou trois mille lieues de distance, le frère jugeait son frère avec une vérité frappante et parfaite.

Ceux qui ont intimement connu l'abbé Menestrel

n'ont jamais su lui découvrir un seul défaut proprement dit. Ses rares imperfections n'étaient que celles de toute fragilité humaine. Bien que très perspicace, sa confiante bonté lui occasionna peut-être quelques déceptions qui ne firent de mal à personne et dont il fut le seul à souffrir. Solutions bâtardes, compromissions douteuses, concessions plus ou moins louches, — *do ut des*, — tout cela répugnait instinctivement à sa franche et droite nature. Cependant la réflexion et surtout la foi l'aidaient à corriger promptement ce que pouvait avoir d'excessif un premier jugement. Et puis, on sentait si bien que ses critiques procédaient uniquement d'un principe surnaturel, qu'elles ne visaient jamais les personnes, que l'obéissance et le respect n'en souffraient nullement ! Il ne fallait pas leur donner une autre portée : on était bien vite rappelé à l'ordre, de ce ton aimable et volontiers plaisant qui ne laissait aucune prise à la mauvaise humeur, et sous lequel néanmoins se dissimulait toujours une bonne et utile leçon.

On l'a traité d'intransigeant, voire de fanatique. Ce sont là des propos d'ennemis. Que Dieu donne à son Eglise beaucoup d'intransigeants et de fanatiques de cette trempe ! Il a cherché la gloire de Dieu et le salut des âmes par les voies qui lui ont paru les plus franches, les plus courtes et les plus nettes, — parce qu'il les a crues en même temps les plus sûres. Il n'a jamais jeté un blâme, même léger, sur ceux qui, dans d'autres milieux et en face d'autres circonstances, travaillaient à la même œuvre que lui avec des outils un peu différents. Il regardait, — avec raison — sa manière comme la meilleure pour lui, pour sa paroisse, pour les intérêts spéciaux dont il avait la responsabilité : il n'a jamais essayé de l'imposer à d'autres. Au contraire, on eût trouvé difficilement un esprit plus souple, plus habile, et plus dégagé de vains préjugés que le sien. La politique, la diplomatie, l'opportunisme, toutes choses qui sont bonnés quand on les met au service d'une inviolable droiture, toutes choses que l'Evangile nous recommande quand il nous dit d'allier la « prudence du serpent » à la « simplicité de la colombe », il les a connues, comprises et employées avec plus de perfection que qui que ce soit. Et guidé par un tact parfait, disons mieux, sous l'inspiration d'une charité vraiment chrétienne, il a toujours su corriger dans la pratique l'intransigeance nécessaire vis-à-vis des principes, par une aimable et miséricordieuse condescendance envers toutes les personnes.

V

Le Curé.

L'Action pastorale.

Quand M. Menestrel eut pris contact avec ses paroissiens, il ne tarda pas à remarquer chez les enfants de la ville une certaine dissipation habituelle, et il se dit, à part lui, que « cela changerait. » Il songeait alors à la future école chrétienne dont la prévoyante sollicitude de son prédécesseur avait su préparer habilement la fondation. Mais il n'attendit pas, pour s'occuper des enfants, que cette fondation fût un fait accompli.

Une grande partie d'entre eux étaient entassés, pendant les offices, dans la chapelle du Sacré-Cœur, d'où ils ne pouvaient ni voir l'autel ni même suivre les cérémonies. Il pensa que loin d'être relégués à la dernière place dans la maison de Dieu, les enfants auraient plutôt droit à la première, et, malgré quelques légères réclamations, il n'hésita pas à faire reculer les premiers rangs des chaises destinées aux fidèles pour leur assurer un lieu convenable, bien en vue de l'autel, du clergé et des paroissiens. Ceci est un simple détail. Mais les détails de ce genre sont-ils sans influence sur la formation chrétienne d'une paroisse? Ne révèlent-ils pas mieux que tout, le coup d'œil clair et pratique de celui qui les conçoit vivement et les exécute décidément?

Deux catéchismes de persévérance furent fondés, l'un pour les garçons, l'autre pour les filles. Le catéchiste éminent du Faubourg se retrouvait ici sur son terrain ; aussi les prit-il à sa charge tous les deux, sans abandonner celui de première communion que les curés se réservent presque partout comme plus important. Les deux catéchismes de persévérance se sont greffés sur deux patronages florissants dont j'aurai à parler plus tard.

Les confessions d'enfants — qu'il voulait fréquentes mais très sérieuses, — les retraites de première communion reçurent aussi leur organisation spéciale. Il savait trouver mille industries pour intéresser la jeunesse, captiver son attention, éveiller ses bons sentiments, entretenir son esprit de foi. Par une adaptation merveilleuse à toutes les intelligences, à tous les âges, il parlait à chacun le langage qui lui convenait le mieux, simple, familier et gracieux avec les petits, tandis qu'il avait avec les grands des causeries charmantes, inimitables, où le sérieux du fond se tempérait, dans la forme, de bonne humeur et même d'enjouement, relevé ici et là par une pointe d'innocente malice : que d'utiles vérités, de salutaires conseils, de nobles sentiments se glissaient insensiblement par là dans l'esprit et dans le cœur de ses jeunes auditeurs !

Sur ce terrain en particulier, son action a été véritablement prodigieuse, et si la paroisse de Plombières s'est maintenue à un niveau élevé, si même elle est devenue meilleure sous sa main, tandis que presque toutes les autres, hélas ! subissent depuis trente ans une déchéance marquée, c'est surtout à son active et intelligente sollicitude pour la jeunesse qu'on le doit. Cette action n'a pas été moins salutaire à ses vicaires, car ils ont puisé à cette source riche et féconde des méthodes et des habitudes qui, transportées ailleurs, n'ont pu manquer de produire d'excellents fruits.

J'indiquerai, à titre d'exemple, l'examen public de première et de seconde communion, tel qu'il a lieu à Plombières depuis M. Menestrel. Il se fait avec solennité. Le clergé de la paroisse est présent, mais il n'examine pas. Les interrogations sont faites par des ecclésiastiques étrangers, ce qui enlève tout soupçon de partialité. Un certain chiffre de points déterminé à l'avance est nécessaire pour l'admission ; mais une seconde séance est réservée un peu plus tard à ceux qui n'ont pas réussi. La proclamation des notes et des places et la distribution des récompenses se font quelques jours après, avec un certain apparat destiné à frapper vivement l'imagination des enfants. Ces récompenses très enviées pour elles-mêmes, mais plus encore pour l'honneur qu'elles confèrent, constitueraient une lourde charge, si l'habile curé n'avait su intéresser à son zèle et à sa charité quelques-uns de ses paroissiens et plusieurs étrangers chrétiens et généreux, ce qui lui a permis de créer un petit capital dont les revenus ont servi à maintenir cette œuvre.

En 1887 ou 1888, il organisa pour le temps du carême de nouveaux catéchismes exclusivement destinés aux enfants de sept à dix ans des sections éloignées de la paroisse que la distance empêche habituellement de participer aux instructions de leurs camarades. On ne leur apprend que les premiers éléments de la doctrine chrétienne et ce qui est nécessaire pour leur confession pascale, mais on le leur apprend si bien et avec un tel succès, que beaucoup de ces enfants se trouvent dès l'âge de sept ans en état de recevoir l'absolution. N'est-ce pas merveilleux comme résultat, pour qui sait combien les enfants sont parfois arriérés dans nos pays de montagne, où l'usage de la langue française n'est pas encore bien répandu?

Sur quel ton affectueux il parlait à ses chers enfants ! Ecoutez ce début d'une de ces allocutions de première communion où il excellait : « Vous me permettrez, n'est-ce pas, de venir vous voir encore une fois, de venir encore vous dire un mot avant l'heureux moment de votre première communion. Je ne sais si je me trompe, mais il me semble que vous désirez vous-mêmes autant que moi cette dernière rencontre, oui, que vous désirez que celui qui a eu l'inestimable honneur de vous préparer à la visite de Dieu, jette encore un regard sur ses bien-aimés enfants tout fiers de se montrer à lui tels qu'ils sont aujourd'huí ; qu'il achève d'ouvrir leurs âmes à l'amour, à la confiance, à la joie ; qu'il appelle une dernière fois sur eux, à l'instant suprême, toutes les bénédictions d'en-haut. Puis-je venir pour autre chose ? Oh ! comme cela m'est bon et doux à moi-même, et quelle satisfaction j'éprouve à arrêter mes regards sur mon cher petit troupeau. » Et il ajoutait délicieusement : « Savez-vous à quoi je pense en vous voyant ? Je pense que c'est aujourd'hui bien plus que dans un mois la grande fête de l'Eucharistie, la grande Fête-Dieu » ; puis il part de là pour établir une comparaison charmante de finesse et d'à-propos entre les deux solennités. Il faudrait tout citer.

Une autre fois, c'est encore la même idée qu'il développe sous une forme différente. « Voilà donc, ô mes bien chers enfants, ô mystère ineffable, que Jésus est maintenant placé dans votre reposoir, qu'il est assis au milieu des lys et des roses sur le trône de pureté et d'amour que vous lui avez vous-même si bien préparé. »

« J'ai laissé, disait-il encore, à M. l'abbé Thiébault, qui a si bien su trouver durant ces derniers jours le chemin de vos cœurs, j'ai laissé la joie de vous prêcher votre pieuse retraite ; mais je n'ai pu, je l'avoue, lui laisser celle de venir vous chercher pour vous conduire à la sainte Table, à la Table de l'Eucharistie. » De là un magnifique parallèle entre l'attente du monde à la veille de l'Incarnation, et celle de ces enfants impatients de recevoir la visite de leur Dieu.

Son affection pour les enfants se traduisait de mille

manières, elle se répandait en paroles tendres, douces, paternelles — j'allais dire maternelles ; je crois qu'il se fût consolé de tout, si on lui avait laissé ses chers enfants. Mais il ne se serait pas consolé de les perdre. Après une grave infirmité des yeux qui l'avait consigné longtemps dans sa chambre, il sortait un jour en compagnie de son vicaire. De jeunes enfants se trouvèrent sur leur chemin, et ces pauvres petits, avec la mobilité de leur âge, avaient bien un peu oublié le pasteur qu'ils n'avaient peut-être pas vu depuis plusieurs mois. Ils saluèrent donc d'un simple « Bonjour, Monsieur l'abbé. » — « Voyez, dit le curé, avec ce sourire mélancolique où se devine un serrement de cœur, ils ne me connaissent déjà plus ! »

Mais s'il aimait les enfants, il les aimait comme on doit, c'est-à-dire en Dieu et pour Dieu. Il n'avait pas de ces préférences sensibles qui vont à la grâce, à la gentillesse, à la figure, et il ne les gâtait jamais. Il ne s'attachait qu'à leurs âmes, qu'il voulait à tout prix conserver ou rendre pures, et pour ce but rien ne lui coûtait, ni effort, ni sacrifice. Il s'est condamné pendant plus de vingt ans, malgré les accablantes fatigues de la journée, à passer les dernières heures de chaque dimanche avec ses jeunes gens du patronage, au milieu d'un tapage assourdissant, causant et jouant avec eux, cherchant jusqu'au milieu de leurs jeux l'occasion de glisser à l'oreille de chacun la parole, le conseil, ou le léger reproche dont il pouvait avoir besoin, et cela dans le seul et unique but de leur faire du bien. « Quand nos peines, disait-il souvent, n'aboutiraient qu'à empêcher un seul péché mortel, nous serions assez récompensés. » Si au prix de tant d'efforts et de labeurs, il a pu constituer à Plombières un groupe scolaire chrétien qui n'a pas son rival dans le diocèse, cherchez-en le secret surtout dans son amour passionné pour les enfants.

Une fois qu'il avait reposé ses regards sur un enfant,

il ne le quittait plus des yeux, le suivait jeune homme, homme fait, partout, s'efforçait de répandre dans son âme la bonne semence, de le maintenir, de le garder fidèle. Et quand, au passage de ces courants de mort qui plus que jamais soufflent sur les jeunes gens, ils se produisait des défections dans son cher et petit troupeau, sa peine était indicible, incomparablement supérieure à toutes celles qu'il a pu ressentir des attaques injustes et violentes dont il a été parfois l'objet.

Mais à part ce déchet inévitable, — puisqu'une loi mystérieuse semble exiger que tout groupe un peu compact paye son tribut au mal et au péché, — que d'enfants et de jeunes gens il a préservés, sauvés, ramenés, lancés sur la route du devoir, de l'honneur, de la vertu !

Les enfants s'attachèrent profondément à lui, sans que l'affection fît en rien tort au respect. Il les tenait littéralement dans sa main, commandait la discipline par un seul de ses regards, les faisait évoluer à l'entrée et à la sortie des offices et des catéchismes, avec la précision d'un vieux régiment.

Mais en même temps, ces enfants allaient à lui avec une pleine confiance, sûrs d'être toujours écoutés, compris, justifiés ou pardonnés.

Lorsque la malheureuse loi scolaire vint tarir dans les écoles publiques les sources de l'enseignement chrétien, M. Menestrel s'astreignit pendant deux ans à aller chercher lui-même les petits enfants de ses sections éloignées, à les réunir dans un local à proximité de leurs écoles et à leur faire chaque mois, un catéchisme élémentaire où il leur enseignait avec sa bonne grâce habituelle et comme en se jouant, leurs prières et les premières notions de la doctrine.

Ces jours-là, il dînait n'importe où, mangeait n'importe quoi. Rien ne put le déterminer à céder à son vicaire cette charge accablante. « C'est mon devoir, disait-il, c'est moi qui suis le pasteur de ces petits, je dois leur rompre moi-même le pain de la parole de Dieu. » Il ne cessa que lorsque l'autorité académique eut permis aux instituteurs de laisser sortir les enfants des sections à dix heures et demie pour qu'ils puissent prendre part aux catéchismes de la paroisse, condescendance inusitée à laquelle l'existence et la concurrence d'une école libre dont nous parlerons bientôt, ne furent très probablement pas étrangères !

Tant qu'on lui conserva son titre de délégué cantonal, il visita assiduement les écoles de sa circonscription, prodiguant les encouragements aux maîtres et aux élèves. Lorsque les sectaires eurent réussi à chasser le prêtre de partout où son action peut être salutaire et bienfaisante, écoles, commissions d'hospice, etc., il continua ses visites à l'école des Frères, où elles étaient toujours attendues avec impatience, car nul ne savait dire comme lui de ces paroles qui soutiennent et réconfortent les maîtres, en même temps qu'elles produisent sur les enfants une profonde et utile impression.

Après les enfants et les jeunes gens, les hommes et particulièrement les ouvriers attirèrent son attention pastorale.

Il y avait à Plombières une congrégation d'hommes, qui datait de plusieurs siècles. Dispersée pendant la tourmente révolutionnaire, elle reprit vie et activité à la restauration du culte. Mais, en 1875, quoiqu'elle eût encore, nominalement du moins, ses membres, ses officiers, voire son budget, elle ressemblait fort à une troupe dont tous les soldats seraient en congé illimité. C'était un corps sans âme, sans force contre le mal, sans appui pour le bien. Il en était cependant resté une précieuse habitude, celle des pâques faites en commun le même dimanche, et cet heureux usage avait plus que tout contribué à enrayer chez les hommes de Plombières les progrès du respect humain.

Avec ce maître coup d'œil qui lui faisait toujours

saisir le côté pratique des choses, M. Menestrel sentit que le rétablissement de cette congrégation sur ses bases anciennes était impossible dans les temps où nous vivons. Il ne se pressa pas trop, laissa s'éteindre paisiblement dans leur douce quiétude quelques tenants de l'ancien régime qui n'auraient ni compris ni voulu admettre une brèche quelconque à leurs vieux règlements; puis, le terrain déblayé, il s'occupa de reconstruire à neuf, en utilisant tous les anciens matériaux propres à servir. Son premier soin fut de constituer, sous le titre de conseillers, des cadres solides, qu'il remplit d'hommes dévoués, énergiques; puis il fit entrer peu à peu dans ces cadres les meilleurs éléments de la paroisse. A côté des hommes de la campagne et des ouvriers de l'usine, on vit figurer les représentants des anciennes familles chrétiennes qui s'honorèrent pour la plupart de faire partie de la nouvelle congrégation.

Les réunions ne sont guère que trimestrielles, mais on leur donne une grande solennité. Encadrée par de beaux chants et une distribution de tracts et de brochures, l'allocution du pasteur en était la pièce de résistance. Là dans ces entretiens libres, où il lui était permis d'épancher tout son cœur, il traitait avec autant d'élévation que de fine bonhomie les sujets qui conviennent plus spécialement aux auditoires d'hommes.

La congrégation a surtout sa fête des hommes. Le second dimanche de Pâques leur foule emplit l'église, et on les voit défiler, au nombre de plus de six cents, le cierge à la main, dans une majestueuse procession qui rappelle les plus belles cérémonies de nos grands pèlerinages. Tous ont commencé leur journée en s'asseyant au banquet eucharistique. L'effet général est saisissant : mais combien utile, combien salutaire cette institution qui, en vingt ans, a presque doublé le nombre des pâques d'hommes à Plombières!

Car peu à peu, habilement attirés par le zélé pasteur,

beaucoup sont venus se grouper autour de la congrégation, et, sans en faire officiellement partie, prennent part à ses réunions, à ses fêtes et à ses actes religieux.

Ses allocutions aux hommes étaient simples, familières, agrémentées de traits et de comparaisons empruntées à leur vie de chaque jour, avec de superbes coups d'aile qui, de temps en temps, emportaient les cœurs bien haut dans les régions supérieures du devoir ou de l'amour divin. En veut-on quelques exemples ? Voici le début de l'une d'entre elles. Il voulait traiter de la conscience, et il entre ainsi en matière : « Il est raconté, Messieurs, qu'au premier siècle de l'Eglise un petit enfant baptisé dans le Christ était menacé de mort s'il ne renonçait à son Dieu, et comme il opposait à ces menaces un courage invincible : « Où donc est-il, ce Dieu qui t'est si cher, » lui demandent ses bourreaux. Mettant une de ses mains sur sa poitrine, et de l'autre montrant le ciel : « Il est là-haut, répondit-il, et aussi dans mon cœur. » Et la légende ajoute que de son cœur entr'ouvert par un coup de lance s'échappa une blanche colombe, comme pour attester la vérité de ses paroles. » Un peu plus loin : « Voulez-vous me permettre, afin de vous faire mieux comprendre ma pensée, une comparaison familière ? Pour un chemin de fer, il faut deux rails et c'est tout. Sur ces rails la locomotive actionnée par une force intérieure, s'ébranle, part, franchit les distances entraînant voyageurs et marchandises. Eh bien ! sur la route du ciel, Dieu a fixé aussi deux rails, la loi morale et la conscience. »

Il savait admirablement trouver le chemin du cœur des hommes, des ouvriers surtout. Il leur disait des choses qui les ravissaient, les enchantaient. Tout cela coulait de source et ne revêtait aucun apprêt. Le compliment, chez lui, prenait une forme fine autant que délicate, et n'était jamais loin de la leçon ; mais la leçon était donnée de si bonne grâce, avec une effusion si sincère, un accent si visiblement surnaturel, qu'elle était toujours acceptée avec respect même par ceux qui n'en profitaient pas assez. « Vous me direz, disait-il aux ouvriers de l'usine le 27 décembre 1893, vous me direz : Pourquoi nous remercier ? Nous avons répondu à votre invitation, c'était bien naturel, nous avons agi en chrétiens que nous sommes. Nous avons rapporté de la retraite, et nous emportons des réunions des idées, des sentiments qui nous relèvent et nous font du bien. — C'est vrai, Messieurs, mais je vous en prie, ne comptez pas pour rien le plaisir que vous me causez comme pasteur de la paroisse et l'exemple salutaire et réconfortant que vous donnez. C'est pour cela que je vous remercie. Et je sais que je n'ai pas besoin de vous demander de continuer : chaque fois que nous avons des réunions d'hommes, c'est *désormais toute l'usine que j'attends*. Ai-je raison ? »

Ses visites à l'usine étaient d'autant mieux reçues qu'il n'y venait jamais les mains vides. Un jour, en présence des ouvriers réunis, on apporte devant lui un volumineux paquet soigneusement enveloppé. Naturellement toutes les paires d'yeux se fixent sur le paquet. « Vous voudriez bien savoir, mes amis, dit-il, ce qui se trouve là-dedans » — et lui-même le couvait des yeux — « dans ce paquet que M. P... vient d'apporter ? Moi je voudrais bien vous le dire, et cependant il nous faut, vous et moi, réprimer nos désirs. Nous allons, pendant quelques instants, faire comme si le paquet n'existait pas. Soyez tranquilles, néanmoins, il existe, et ne renferme pas de serpents. — Je vous dirai tout d'abord, mes chers amis, que je me reconnais deux très mauvaises habitudes, et je suis persuadé que vous me les reconnaîtrez bientôt aussi. La première, c'est d'aimer beaucoup de donner des conseils aux jeunes gens. La seconde, qui est encore plus mauvaise, c'est de chercher à savoir comment ces conseils sont suivis. J'aime bien de voir si on les a mis en pratique. Je suis indiscret, vous me pardonnerez cela en considération de la bonne intention qui m'anime. Et puis, je tiens à ce qu'on réponde à mes questions indiscrètes et avec une grande franchise, quand même on n'aurait à me faire que de mauvaises réponses. Donc, poussé par mon indiscrétion naturelle, j'aimerais beaucoup de savoir ce qu'il est advenu de mon conseil de l'autre jour, relativement à ce grand signe de croix qui ferait si bien au commencement et à la fin de vos journées, au commencement et à la fin de votre travail. Voyons, répondez-moi bien, l'avez-vous fait? avez-vous craint de le faire? rougi après l'avoir fait? Si oui, vous n'avez pas été braves... Ecoutez-moi bien, si vous l'avez fait exactement et comme il faut, c'est très bien ; sinon commencez aujourd'hui. Pas de respect humain. Le faire sans ostentation, mais sans peur, sous l'œil de Dieu, humblement, sous le regard divin. — Voilà pour ma question indiscrète, mais voici maintenant, vous le dirai-je, que je suis poussé à vous donner un conseil. Je n'y résiste pas plus que je n'ai résisté tout à l'heure à vous poser une question. Mais tenez, je lis déjà dans vos yeux et sur ces bons visages dont je parlais l'autre jour, que vous devinez ce que je vais vous dire. Et vous-mêmes vous pensez : voici bientôt le 1er novembre, la Toussaint, les morts ; c'est bien d'aventure si M. le curé ne va pas nous dire de nous confesser. Eh bien oui, c'est cela. Préparez-vous à cette grande chose qu'on appelle la confession, et à cette chose plus grande encore qu'on appelle la sainte communion... »

Si j'ai cité cette page, c'est afin de donner une idée précise de son genre dans ses entretiens familiers avec les jeunes gens et les ouvriers. Quand il avait terminé sa distribution il s'en allait le long de l'usine, s'arrêtant dans tous les ateliers, disant un mot ou envoyant un affectueux salut à tous, s'intéressant à chacun et n'oubliant personne.

Comment les ouvriers ne lui auraient-ils pas voué une espèce de culte ? Honneur aux patrons assez chrétiens pour comprendre le bien d'une telle visite, assez intelligents pour ouvrir toutes grandes les portes de leurs usines à un prêtre et surtout à un tel prêtre !

Une des plus grandes consolations de l'abbé Menestrel fut la retraite spéciale des hommes, prêchée en 1893, par un zélé missionnaire diocésain de Nancy, M. l'abbé Thierry. Elle dura huit jours et obtint un éclatant succès. Mais il faut tout dire : ce succès n'était pas dû uniquement au talent et au dévouement de l'éloquent prédicateur. Une bonne partie en revient au curé lui-même, car cette retraite, il la préparait depuis longtemps, et avec un art souverain il avait eu le talent de la faire désirer par ceux-là même auxquels elle était destinée. En même temps, il faisait agir ses vicaires, ses conseillers de congrégation, il agissait lui-même, lançait des invitations, préparait de belles cérémonies ; en un mot, semblable aux grands capitaines, ici comme partout, il ne laissait au hasard rien de ce qu'il pouvait lui disputer. — Une bataille livrée dans ces conditions est presque toujours une bataille gagnée.

Cette fois il avait confié à un autre le soin d'évangéliser ses chers hommes; et il n'eut qu'à se féliciter de son choix. L'abbé Thierry, disait-il plus tard, était « un véritable homme de Dieu, un apôtre zélé, un entraîneur incomparable. » Mais comme il sut reprendre habilement dans ses réunions à l'église, à l'usine, partout, les principaux points touchés par son excellent missionnaire ! Avec quel zèle, avec quelle adresse il sut les faire entrer, comme un coin, dans l'esprit des retraitants ! Toute occasion lui était bonne pour réveiller leurs souvenirs, rafraîchir leurs impressions, mais il y mettait une variété et une souplesse infinies qui écartaient le danger de la monotonie.

L'abbé Thierry devait revenir encore l'année suivante pour la fête des hommes. Mais « l'homme propose et Dieu dispose, » dit lui-même le curé en annonçant avec tristesse que le vaillant missionnaire venait de tomber sur la brèche, au moment où il prêchait la station pascale à Saint-Laurent de Pont-à-Mousson. Ce digne apôtre expira quelques jours après en pleine maturité de ses dons véritablement merveilleux. M. Menestrel voulut célébrer dans son église un service solennel pour le repos de cette âme bien chère. il y convoqua ses hommes, qui répondirent en foule à son appel; il profita de leur présence pour prononcer un éloge ému du défunt, loua noblement ses grandes vertus et ses éminentes qualités, et profita de la circonstance pour rappeler une fois de plus à ses auditeurs profondément impressionnés ce que l'abbé Thierry avait fait pour eux et comment ils devaient profiter de ses leçons. Tout lui servait à élever les âmes, à exciter la foi, à pousser les cœurs en haut.

Il serait impossible de rappeler ici, même par aperçu, toutes les industries dues à son zèle, car elles étaient d'une étonnante et prodigieuse variété. Mais elles avaient ce caractère commun, d'être toujours marquées au coin d'un suprême bon sens. Rien d'aventuré, rien non plus pour l'apparat. Sa devise, si conforme à sa vie entière, aurait pu être : « Beaucoup de bien, peu de bruit. » Et s'il avait pu supprimer tout à fait le bruit, il l'aurait fait avec empressement. On ne parlait pas souvent de Plombières, soit dans la *Semaine religieuse*, soit ailleurs. Et cependant nulle part on ne travaillait autant et aussi bien qu'à Plombières.

M. Menestrel a eu, je crois, le premier dans le diocèse, l'initiative de l'adoration nocturne faite par les hommes; elle eut lieu plusieurs fois dans son église avec une grande édification. Inutile de dire que, cette nuit-là, il payait de sa personne plus que tout autre. Le premier aussi, il a entouré d'une grande solennité le départ annuel des jeunes soldats. C'est en 1883 ou 1884 qu'il inaugura cette fête de famille telle qu'elle se célèbre aujourd'hui. Les abstenants sont très rares, et presque tous les jeunes gens s'approchent des sacrements. Après une allocution vibrante de foi et de patriotisme, il leur remettait à la sainte Table, en grande cérémonie, un crucifix et une médaille; puis il les convoquait, dans une salle de son patronage, à un déjeuner préparé pour des appétits de vingt ans, qu'il présidait lui-même avec sa communicative gaîté.

Ses instructions générales à la paroisse sont claires, substantielles, très nourries, intéressantes. Ordinairement il débute d'une manière simple, familière, mais propre à attirer l'attention, qu'il avait soin d'ailleurs, dans le cours du sermon, de tenir en éveil par différents procédés. Un fait quelconque, une allusion, un de ces petits riens locaux qui intéressent toujours étaient jetés avec habileté dans la trame du discours. En même temps, le fait ou l'allusion servait de point de départ pour appuyer une vérité ou pour rappeler un devoir. Ses instructions roulent presque toujours sur des sujets pratiques, tels que l'éducation chrétienne, un de ses thèmes favoris, ou les devoirs des parents, la sanctification du dimanche, la fuite de certaines occasions plus nombreuses et plus dangereuses à Plombières à cause de la saison, etc... Il ne se répétait pas, et savait revêtir le même sujet de formes différentes qui prévenaient la fatigue des auditeurs.

Qu'on me permette quelques courtes citations : elles serviront à caractériser son genre. Un jour de Toussaint 1890 : « Entre deux pensées qui me sont venues, mes Frères, vous parler de saints, puisque c'est leur fête aujourd'hui, ou vous rappeler un devoir capital de votre vie chrétienne, le repos du saint jour du dimanche, je me suis arrêté à la seconde comme plus nécessaire et plus pratique. Il y a longtemps que cette pensée me tourmente et pour cause ; elle m'est revenue plus forte que jamais dans un récent voyage que j'ai fait.... » Et il raconte l'inoubliable spectacle de foi et de respect dont il a été témoin naguère, un jour de fête de la Nativité, à Notre-Dame des Ermites ; puis il part de là pour traiter d'une manière complète et très saisissante cette grave question du dimanche chrétien.

Une autre Toussaint : « Chaque année, mes Frères, on vous parle, à l'occasion de cette grande solennité, des saints du ciel. Voulez-vous me permettre de changer de sujet, de vous parler aujourd'hui des saints de la terre ? Car il y a des saints sur la terre, il faut qu'il y en ait *pour que la terre en donne au ciel.* »

Un dimanche des Rameaux : « Contrairement à l'habitude, et malgré la longueur des offices, je monte en chaire aujourd'hui. Vous supposez bien, mes Frères, que ce n'est pas sans raison grave. En effet, j'ai des choses importantes à vous dire et sur lesquelles je n'ai pas besoin d'attirer d'avance votre particulière attention. »

A une réunion d'hommes, sur ce texte : *Fais ce que dois, advienne que pourra.* « J'ai été bien embarrassé, Messieurs, quand il s'est agi de choisir le sujet dont je vous entretiendrai aujourd'hui. Il s'en présentait de toute sorte à mon esprit. » Aussitôt il en indique cinq ou six dont il trace les grandes lignes, et cela veut dire évidemment qu'il ne les perd pas de vue, qu'il y reviendra un jour, et qu'il veut, en attendant, non seulement les annoncer pour l'avenir, mais encore inviter ses auditeurs à y penser un peu pour le moment. Puis il indique le thème du jour : « le noble et grand sujet du du devoir, sujet fait entre tous pour les hommes..... Aussi est-ce celui-là qui m'a séduit ; les autres attendront et viendront à leur tour. *Nous sommes de revue, Messieurs, je vous serai fidèle comme vous m'êtes fidèles.* »

Une autre fois, encore aux hommes : « ..... Un auditoire d'hommes, mon auditoire préféré, soit dit sans médire des autres. »

Quel plus délicat début que celui de l'allocution qu'il adressait aux demoiselles de la congrégation, en 1887, le jour de leur fête patronale (1), qui se trouvait être aussi la sienne : « Je viens vous souhaiter votre fête, leur dit-il, j'ai tenu à le faire moi-même aujourd'hui, laissez-moi vous dire cela avec l'abandon qu'il m'est bien permis d'avoir avec mes enfants, parce qu'aujourd'hui, par une coïncidence heureuse, mais qui n'arrive que bien rarement, c'est aussi la mienne. »

Quelle délicieuse cueillette à faire dans ses discours de nouvel an, dont nous avons la série à peu près complète ! C'est là surtout peut-être qu'on admire la souplesse de son talent, ou plutôt l'inépuisable éloquence de son cœur. « L'amour, disait Lacordaire, n'a qu'un mot, et en le redisant toujours, il ne le répète jamais. » Ce mot que répétait sans cesse le curé de Plombières, il ne le répétait jamais de la même manière, il trouvait chaque année de nouvelles formules, simples et aimables, pour témoigner de son attachement à ses ouailles bien-aimées. Une grande délicatesse de sentiments se marie constamment aux leçons les plus hautes données avec un tact exquis, une finesse impeccable, une autorité souveraine et une grâce sans rivale.

Un ou deux exemples : « En venant vous faire aujourd'hui mes souhaits de bonne année, je ne pense pas, mes bien chers Frères, m'acquitter d'une simple formalité, mais bien remplir un devoir de sincère et profonde

(1) La fête de la Présentation de la Sainte Vierge, qui, cette année-là, se célébrait le 20 novembre, jour de la fête de saint Edmond, son principal patron.

affection. Vous le savez bien, du reste, les liens que contracte le prêtre avec sa paroisse, ne sont point des liens ordinaires, mais des liens intimes, des liens de l'âme, qui *l'unissent*, non pas d'une manière générale, mais d'une manière particulière, à chaque famille, à chaque personne ; des liens que personne ne peut rompre, parce qu'ils sont formés par Dieu..... » (2 janvier 1887). Une autre fois : « Mes vœux doivent être ceux d'un prêtre et d'un pasteur », et alors il salue ses paroissiens de cette même parole que l'Ange Gabriel avait dite à la Vierge : *Dominus tecum*, puis il termine le tout par une grave et salutaire pensée exprimée sous une forme propre à frapper vivement ses auditeurs : « Si nous vivons avec Dieu, c'est la joie malgré nos peines. Si nous mourons entre les bras de Dieu, c'est le ciel malgré nos péchés. »

L'abbé Menestrel n'instruisait pas seulement par ses discours, ses sermons, ses allocutions et ses conférences : il instruisait aussi, et mieux encore, s'il est possible, par ses annonces du prône dominical. A la suite du tableau des offices, des messes et des cérémonies religieuses de la semaine, qui se lit chaque dimanche du haut de la chaire, il écrivait assez fréquemment des observations, des avis, des avertissements même, souvent assez développés, et qui portaient sur une fête à célébrer, sur un danger à éviter, une œuvre à faire, un défaut à corriger. Je ne crois pas que ce genre spécial, qui demande de l'à-propos, de la finesse et du tact, ait jamais atteint une plus haute perfection. Je n'exagère pas en disant qu'il y était passé maître, car nombreuses sont ces annonces qu'on pourrait qualifier en leur espèce de petits chefs-d'œuvre.

Tout lui servait d'ailleurs pour stimuler et entretenir le zèle, pour prévenir et combattre les défaillances. Un jour, il se félicite de ce que la grand'messe est plus fréquentée qu'autrefois, surtout par les hommes et les jeunes personnes, mais il fait remarquer qu'on voit encore des vides, particulièrement dans les rangs des chaises les mieux placées, et il profite de cette simple observation pour déplorer la faiblesse de l'esprit religieux chez ceux qui s'abstiennent habituellement de la grand'messe pour se contenter d'un office plus court où l'on n'entend pas la parole de Dieu. Une année, il a cru constater une légère diminution dans le chiffre ordinaire des confessions de la Toussaint, il en cherche la cause, et n'en voit d'autre que le changement de vicaires connus et aimés dans la paroisse : « Cette raison n'était pas bonne, dit-il doucement. La religion et les pratiques religieuses ne sont pas des questions de personnes. Je viendrais à disparaître, comme il faudra que cela arrive tôt ou tard, que vous ne devriez rien changer à votre foi, rien retrancher de vos habitudes chrétiennes. »

Assidu au confessionnal, il y faisait de longues stations qui, les veilles de fêtes et les samedis du temps pascal, se prolongeaient souvent fort tard dans la soirée. La saison apporte chaque année au clergé de Plombières un surcroît de travail et de fatigue. Tous les matins, avant et après sa messe, tous les soirs, avant et après son dîner, M. Menestrel se mettait à la disposition des baigneurs, qui venaient en foule à lui, tant il leur inspirait de confiance et tant on aimait sa direction douce, ferme, éminemment surnaturelle. Plusieurs d'entre eux ne sont revenus à Plombières, pendant sa vie, que pour faire sous sa conduite une sorte de retraite annuelle. A moins de raisons particulières, il dònnait peu de temps à chacun de ses pénitents, préférant, comme le curé d'Ars, les revoir plus souvent ; mais ce qu'il disait était si juste, si adapté aux besoins de l'âme, et surtout si rempli de foi, que l'impression était généralement aussi vive que durable.

Connaissant les multiples infirmités humaines, il s'ingéniait à procurer, soit à ses paroissiens, soit aux étrangers, des confesseurs et des prédicateurs extraordinaires. Pendant un grand nombre d'années, deux de ses amis de séminaire sont venus lui prêter leur concours pour la belle fête des hommes (1). M. l'abbé Thiébault, son parent si dévoué de Nancy (2), lui apporta aussi très souvent, pour des retraites, des conférences et d'autres discours, le secours de sa parole facile, imagée, toujours fort goûtée du public. Il utilisait la bonne volonté des prêtres et des religieux de la saison. Enfin, des missions ou des retraites venaient, de temps à autre, ranimer la foi, réveiller les indifférents, développer la piété.

Pendant ses vingt-deux ans de ministère, une belle floraison de vocations sacerdotales et religieuses a éclos sous ses pas, et formera sans doute dans le ciel le plus riche fleuron de sa couronne pastorale. Presque toutes ont été suscitées par son zèle, ou se sont épanouies sous son habile direction. Il sut intéresser à cette œuvre la charité catholique, et trouver les ressources nécessaires pour aider à l'honorable pauvreté de plusieurs aspirants ; mais il y mit d'abord du sien tant qu'il put. Son ambition était que sa paroisse de Plombières devînt une pépinière abondante d'ouvriers du Seigneur. Il aimait ses séminaristes comme ses enfants, les occupait beaucoup pendant les vacances, et les initiait ainsi de bonne heure à mille industries du zèle sacerdotal qui les préparaient de loin à leurs futurs devoirs.

Avec quel soin il organisait les fêtes, les solennités,

(1) M. l'abbé L'hote, chanoine honoraire, professeur au grand séminaire de Saint-Dié, et M. l'abbé Thouvenot, curé-doyen de Charmes.

(2) Directeur de la maison-mère de la Doctrine Chrétienne, à Nancy.

les cérémonies extraordinaires destinées à maintenir et à développer la foi et l'amour de Dieu dans sa chère paroisse! Il les prévoyait de très loin, les faisait pressentir d'avance, puis enfin les annonçait dans les termes les plus propres à intéresser le zèle, la piété et même quelque peu la curiosité de ses auditeurs. Rien n'était négligé, soit pour les rendre attrayantes, soit pour leur faire produire des fruits abondants. Et quand elles étaient passées, il savait entretenir longtemps la bonne impression qu'elles avaient laissée au cœur des fidèles.

De toutes ces fêtes, la plus belle et la plus populaire est la grande procession du 15 août. Les populations des environs y viennent en foule, et nombre de baigneurs retardent leur départ ou devancent leur arrivée tout exprès pour jouir ce jour-là d'un coup d'œil vraiment féerique. Racontons-en donc brièvement l'histoire.

Depuis longtemps les fidèles de Plombières avaient coutume de monter à la Vierge, le soir de l'Assomption, pour y prier, et un certain nombre d'étrangers se faisaient un devoir de les suivre. Ce pieux usage ravit l'abbé Menestrel, dont la dévotion à la Sainte Vierge datait de l'enfance, et qui ne perdait aucune occasion de lui témoigner sa vénération et son amour. Dans les premières années, il se contenta de se joindre à la foule, mais une fois sur le plateau, il faisait entonner quelques chants, tels que le *Salve regina*, et le *Magnificat*. Cette simple innovation fit déjà grand plaisir. Il rêva bientôt mieux. Après avoir assisté à ces incomparables processions de Lourdes qui se déroulent en serpents de feu le long des lacets de la montagne, il s'était dit : « Pourquoi n'aurions-nous pas nos processions à la Vierge de Plombières ? » Il en parle à ses paroissiens, leur trace son programme, les engage à s'y prêter (1) ; mais prévenu indirectement

(1) En 1881.

qu'un complot semblait s'organiser pour susciter une manifestation hostile, lui et son clergé ne parurent à la procession qu'en habit de ville, portant simplement comme tout le monde des torches allumées. La manifestation redoutée n'eut pas lieu, la fête réussit au-delà de toute espérance, spontanément un grand nombre de maisons s'illuminèrent, l'enthousiasme fut général : bref, ce fut victoire sur toute la ligne.

Rien ne s'opposait désormais à ce qu'on organisât une procession dans toutes les règles. Un de ses amis rima, sur le modèle de celui de Lourdes, un cantique à la Vierge de Plombières (1), qui est devenu aussi populaire dans la région. Le 15 août 1884, une illumination splendide, continuée chaque année depuis, embrasa pour la première fois de ses resplendissantes lueurs la Vierge, la chapelle de saint Joseph et le coteau tout entier noyé dans un océan de feu. On peut compter maintenant les maisons de la ville qui restent obscures pendant cette incomparable soirée.

Ainsi M. Menestrel a pu rendre à Marie l'hommage parfait que rêvait son cœur filial. Son amour pour elle trouvait, ce jour-là, un cadre digne de lui. Cet amour, je l'ai dit, datait de ses premières années. Dans les circonstances communes, il le laissait paraître d'une façon plus humble mais tout aussi touchante. Il suffisait, par exemple, d'entendre avec quel accent il lançait au son de l'Angélus son traditionnel : *Saluons d'abord la Très Sainte Vierge*, qui coupait instantanément toute conversation, pour s'apercevoir combien le fils était tendre, dévoué, affectueux, envers sa Mère.

Je ne veux pas clore ce chapitre sans répondre à une objection qui me paraît trop spécieuse, pour qu'elle ne se soit pas présentée à l'esprit de quelque lecteur.

(1 M. Stegmüller, professeur libre à Saint-Dié.

Plombières, dira-t-on, est un sol d'une rare fécondité. Le bien s'y fait presque tout seul, et des soins ordinaires doivent suffire pour y développer une luxuriante moisson.

Que le sol de Plombières soit fécond, j'en conviens volontiers. Mais, pour fécond qu'il est, il a besoin comme toutes les terres du monde, d'une culture habile, assidue, laborieuse et même pénible ; sans quoi, n'en doutez pas, il y pousserait bientôt plus d'ivraie que de blé, plus d'épines que de roses.

Avec un ouvrier tel que M. Menestrel, le terrain le plus ingrat n'aurait pas été infructueux. A un terrain naturellement fertile, au lieu de vingt ou trente, il a fait rendre cent pour un. Voilà l'exacte vérité.

VI

Le Curé.

Les Œuvres.

Aujourd'hui plus qu'autrefois, la vie religieuse des paroisses tend à se concentrer dans ces œuvres de salut et de défense que la piété du clergé et des fidèles a multipliées comme par enchantement sur notre sol depuis environ vingt-cinq ans.

L'abbé Menestrel avait compris, presque avant tout le monde, que là serait bientôt le seul rempart à peu près solide contre les formidables coups de bélier de l'impiété. Si ce travail de déchristianisation, habilement conçu, savamment exécuté, qui sévit sur notre pays, subit un temps d'arrêt, s'il est un jour forcé de reculer, ce sera surtout grâce aux œuvres, malheureusement encore trop jeunes et trop peu nombreuses pour rendre présentement tous les services qu'on attend d'elles.

Là est le vrai champ de bataille entre la religion et la libre pensée. Celle-ci ne s'y trompe pas : voyez plutôt avec quel acharnement, tantôt ouvertement, tantôt sournoisement, elle combat tout ce qui porte l'estampille catholique. Voyez aussi tout ce qu'elle tente pour entraver et discréditer nos entreprises, ses essais pour nous les confisquer, les dénaturer et même les singer à son profit, en prenant soin, bien entendu, de leur enlever tout cachet religieux.

L'habile curé de Plombières avait pressenti toute cette évolution bien avant qu'on s'en fût fait une idée très nette dans les sphères catholiques et même sacerdotales. Dues à son initiative ou fécondées par ses soins, les œuvres de Plombières proclament bien haut, avec son zèle tout apostolique, son intelligence supérieure des besoins de notre temps.

Avec quelle ardeur il s'y est donné ! Avec quelle abnégation et quel dévouement il s'y est dépensé! On ne saura jamais ce qu'il a mis là d'énergie, d'activité et de temps. La moitié au moins de celui dont il pouvait disposer pour le travail, y a été exclusivement employée.

Mais les œuvres n'exigent pas seulement zèle, dévouement et temps; elles demandent aussi de l'argent, hélas! beaucoup d'argent! Celui qui a été si utilement enseveli dans celles de Plombières, représente un capital considérable. Je n'essayerai pas de l'évaluer en chiffres ; ceci est le secret du curé constructeur, organisateur, prévoyant père de famille, et de quelques confidents qui n'ont pas reçu mission de le répéter.

Cet argent vint à M. Menestrel, partie de ses paroissiens, partie des baigneurs, car sa très modeste fortune personnelle dont il a fait d'ailleurs l'usage le plus noble et le plus généreux, était sans proportion avec les grandes entreprises qu'il a assumées et toutes menées à bien.

Ceux qui croient que, dans certains pays plus riches, l'argent vient tout seul aux prêtres bâtisseurs d'églises, de cercles, d'écoles, de patronages, ou créateurs d'institutions de propagande et de préservation chrétiennes, se trompent singulièrement. Partout l'argent est égoïste, revêche et capricieux. Chacun, en effet, a tant de places pour le mettre ; et puis, s'il s'agit en particulier des hôtes d'une saison thermale, leur charité est si activement sollicitée dans tous les sens qu'ils ne savent plus auquel entendre !

Le secret qui a mis aux mains de M. Menestrel une sorte de petite mine d'or, je l'ai révélé tout entier dans les pages qui précèdent. Grâce à Dieu, le monde n'a pas encore perdu le sens du surnaturel et du divin. On donne à celui qui se donne, qui se dépense, qui se prodigue, qui s'oublie. On ne refuse rien au prêtre qui tend la main quand on regarde ce prêtre comme un saint. L'habileté humaine de M. Menestrel était peu de chose, si on la met en balance avec cette vénération unanime qui l'entourait, et qui a provoqué tant d'offrandes ou spontanées ou à peine et bien discrètement sollicitées.

Si cet homme a suscité des dévouements prodigieux, s'il a déterminé des sacrifices héroïques, s'il a inspiré une confiance pour ainsi dire sans bornes, c'est qu'il était universellement regardé comme un homme de Dieu.

Des différentes œuvres créées sous son administration, la première en date est l'école Saint-Augustin. C'est aussi la première en importance. Largement conçue, avec ses vastes dépendances, elle a pu, en effet, abriter sous son aile toutes celles qui sont nées depuis et qui forment aujourd'hui un groupe superbe et sans rival.

Une généreuse chrétienne de Plombières souffrait de voir l'instruction religieuse des garçons moins soignée que celle des filles ; elle s'était promis de faire cesser un jour cette fâcheuse infériorité. Son mari, médecin distingué, connut son projet et l'approuva pleinement. Mais l'exécution se trouvait renvoyée à une époque probablement lointaine lorsque, en avril 1877, le docteur Grillot fut prématurément enlevé à l'affection des siens, à la reconnaissance de ses malades, aux pauvres qu'il soignait avec un désintéressement absolu, et à la profonde estime de ses concitoyens. Une fin très chrétienne couronna cette vie dépensée tout entière au bien et dont « le dévouement n'a été surpassé que par la modestie (1). »

Le coup fut rude, mais sur la tombe de son mari, la veuve en larmes promit qu'elle « ferait aussitôt les Frères. » Au mois d'octobre 1878, la nouvelle école était construite, et s'ouvrait avec trois classes et quatre-vingts enfants sous le vocable de saint Augustin, patron du digne et regretté défunt. L'année suivante, le chiffre des enfants monta à cent vingt, et il fallut créer une quatrième classe. Il y en a cinq aujourd'hui, avec plus de deux cents élèves.

Les débuts et les progrès de cet établissement sont si bien décrits dans deux allocutions de distributions de prix prononcées par l'abbé Menestrel (2) que je n'hésite pas à lui laisser la parole, car personne mieux que lui ne saura nous intéresser à ce qui fut pendant de longues années son œuvre de prédilection.

Le 17 août 1879 à la première distribution des prix, il disait :

« C'est pour la première fois que l'école Saint-Augustin célèbre cette fête si aimable et si joyeuse. Sa première année, l'année de sa fondation est finie ; elle s'est écoulée vite. Je me souviens, comme si c'était hier, de la bénédiction que je donnais, non sans émotion, la veille même de son ouverture, à la maison nou-

(1) Expression de M. Menestrel lui-même dans une allocution du 17 août 1879.

(2) La première distribution des prix fut présidée, en 1879, par Mgr Serafino Vannutelli, nonce en Belgique, aujourd'hui cardinal-évêque de Frascati. La seconde, en 1880, par le duc de Padoue et Madame l'amirale Bruat, qui vient de mourir ; Mgr Gonindard, évêque de Verdun, mort archevêque de Rennes, présida et parla, en 1881. Les autres présidents furent Mgr Potron, évêque de Jéricho, M. Albert de Pruines, Mgr Marchal, évêque de Sinope, M. le vicaire général Chapelier, etc. Cette fête a toujours été très solennelle, et l'élite de la paroisse et de la saison s'y presse chaque année.

velle où tant d'enfants devaient se former dans la suite à la vie chrétienne et à la vie civile, et aux maîtres qui allaient commencer le lendemain leur laborieuse et féconde mission. Si vite pourtant qu'elle ait passé, les maîtres vertueux et instruits qui en ont la direction, ont eu le temps de faire le bien, comme les Frères savent le faire, comme ils le font partout, aux enfants déjà nombreux confiés à leurs soins. » Après un délicat compliment à Mgr Vannutelli : « Ce serait le moment de louer cette œuvre nouvelle qui vient d'éclore à Plombières, d'en dire la grande utilité pour le pays, d'en faire ressortir les avantages immenses pour l'avenir surtout..... J'aime mieux laisser l'œuvre faire ses preuves. Il faut qu'elle montre elle-même son excellence par ses fruits, que les enfants qu'elle élève se distinguent par leur religion et par leur piété, par leur discipline et par leur bonne conduite, par leur amour du travail et leurs progrès rapides... et chacun dira, sans qu'il soit besoin de le faire remarquer : *L'œuvre est bonne*. Mais du moins nous pouvons dire déjà que rien, absolument rien n'a été négligé dans son installation : la générosité sans bornes qui a voulu la fondation, le désintéressement qui l'a rendue possible en ce lieu de choix en vérité, les conseils éclairés des personnes les plus compétentes, le concours le plus heureux des circonstances, tout a servi au dessein. Et c'est ainsi que sur cet emplacement magnifique où les enfants ont en abondance l'espace, l'air et la lumière, s'est élevée une construction dont les dispositions, grâce à une main habile à laquelle je tiens à rendre un public hommage (1), ne laissent rien à désirer..... Cependant, Messieurs, que seraient toutes ces conditions matérielles, si les maîtres n'étaient pas à la hauteur de leur position? Aussi, croyez bien que ceci n'a pas été jugé

(1) M. Curvat, architecte à Plombières.

la chose la moins importante. Vous connaissez déjà les maîtres qui ont été choisis. Ce sont des religieux : ce seul mot vous dit ce qu'ils doivent être pour l'éducation et pour l'instruction de la jeunesse, à laquelle les a appelés une vocation sainte. La réputation des Frères n'est plus à faire. Je sais bien les paroles et les écrits de l'impiété contemporaine contre les religieux, mais les religieux n'ont pas besoin qu'on les défende devant vous. Ces attaques font leur gloire, elles prouvent seulement qu'ils sont de robustes champions de la cause de Dieu. On n'attaque pas si violemment ceux que l'on méprise. En dépit de toutes les calomnies qui cherchent en vain à le discréditer, vous sentez comme moi, Messieurs, que sous l'habit religieux bat nécessairement le cœur d'un homme aussi dévoué à l'enfant et à sa patrie, qu'il l'est à Dieu. Savoir se faire aimer des enfants autant qu'ils les aiment eux-mêmes, sans rien perdre pour cela de leur autorité, voilà peut-être le plus grand secret des Frères, et avec la religion leur plus grand moyen de salutaire influence sur eux. Vous m'avez prouvé toute cette année, mes Frères, laissez-moi vous adresser ce seul compliment, que ce secret c'est le vôtre. Maintenant donc, grâce à Dieu, l'œuvre existe dans les meilleures conditions qui puissent se désirer. Ceux qui l'ont fondée et ceux qui la dirigent ont à cœur d'affirmer aujourd'hui qu'ils n'ont jamais eu en cette œuvre et qu'ils n'auront jamais d'autre but que le bien de la jeunesse, le bien du pays, et la gloire de Dieu, à qui doivent se rapporter toutes les œuvres de l'homme. Plus que cela, ils seront heureux de tout le bien qui pourra se faire et qui se fera en dehors d'eux dans le même but. Peu importe, en effet, Messieurs, n'est-il pas vrai, par qui se fait le bien, pourvu qu'il se fasse ?... C'est la pensée, encore une fois, qui a présidé dès le premier jour à cette institution, et c'est pourquoi nous osons demander que l'œuvre des Frères ne soit considérée ici que comme un bon ouvrier de plus, appelé dans cet excellent pays pour y travailler avec ardeur au bien général. L'ouvrier, vous pourriez tous au besoin vous lever pour rendre témoignage à mes paroles, l'ouvrier n'a rien sollicité, il a eu et il aura toujours le respect le plus absolu et le mieux compris de la liberté de chacun. L'ouvrage, malgré cela et pour cela peut-être, ne lui a point manqué, et il espère, ses bras sont forts et bons, qu'il ne lui manquera pas davantage à l'avenir. Il appartiendra d'ailleurs à Dieu et aux parents qui lui confient leurs enfants de juger si l'ouvrier est digne de sa noble tâche. En attendant, il a confiance. »

Le discours du 19 août 1883 fut un chant de victoire, en même temps qu'un terrible coup de massue destiné à pulvériser de vieilles et ineptes calomnies colportées contre l'école et les Frères ; aussi fit-il sur le moment une profonde sensation et n'est-il pas encore oublié aujourd'hui :

« L'école Saint-Augustin finit aujourd'hui sa cinquième année, et aujourd'hui comme à la fin de celles qui l'ont précédée, j'ai le bonheur de venir lui rendre devant vous le témoignage dont elle est toujours plus digne, qu'elle a bien mérité des familles et de la population tout entière. Vous vous en souvenez, les prédictions plus ou moins favorables, les appréciations plus ou moins aimables n'ont pas manqué à ses débuts. Je les ai notées en leur temps, car j'étais grandement attentif à ce qui concernait une œuvre aussi importante en elle-même que celle-ci et aussi chère à mon cœur. Il ne me semble pas inutile, après cinq années, et maintenant que l'école a fait ses preuves, d'opposer en deux mots la réalité que nous avons devant les yeux à des paroles trop peu réfléchies, et de détruire d'une façon définitive la portée qu'elles ont pu avoir. Je suis assuré d'ailleurs que, attachés à l'école comme vous l'êtes tous, heureux du bien qu'elle accomplit, vous ne l'entendrez pas sans plaisir.

« On disait alors : A quoi bon une nouvelle école ? Que sert de dépenser tant d'argent, de construire à si grands frais un bâtiment si considérable qui ne servira qu'à quelques élèves ? — A quoi bon une nouvelle école ? Eh bien ! la voilà, la réponse sous nos yeux : à recevoir et à élever chrétiennement plus de deux cents enfants, et à les placer, ces enfants, dans les meilleures conditions qui se puissent pour le bien de leur santé, la surveillance si nécessaire de leurs récréations et de leurs jeux et le succès de leurs études. N'était-ce pas, je vous le demande, un motif suffisant ?

« On disait encore : Des Frères ! On amène des Frères dans le pays ! Mais ce sont des ignorants ! Ils ne sont pas capables de donner aux enfants une instruction sérieuse ! — Le propos ferait rire maintenant, mais alors il n'en était pas ainsi. — Les Frères sont des ignorants ! C'est pour cela sans doute que pas un étranger visitant leurs classes n'en est sorti sans avoir admiré l'excellente tenue des enfants et leur avancement en toute matière d'enseignement. C'est pour cela aussi que cette année, fidèles à leurs habitudes, les Frères ont fait recevoir à l'examen du certificat d'études tous les élèves qu'ils ont présentés, presque tous dans les premiers rangs, et le dernier de tous encore avec la mention *bien*. C'est pour cela enfin, — parce que les Frères ne savent pas enseigner, — que, chose qui n'existe dans aucune autre école, la deuxième classe a déjà pu fournir cette année trois candidats au certificat, et que l'an prochain cette seconde classe tout entière égalera une première classe pour l'instruction de ses élèves. A ce compte, tout le monde vraiment aimerait à confier ses enfants à de tels ignorants.

« On ajoutait : les Frères passent leur temps à apprendre aux enfants leurs prières et leur catéchisme, ils ne savent enseigner que cela. — Oui, en vérité, ils ne songent pas à s'en défendre, ils enseignent ces choses éminemment saintes, et ils savent les enseigner. A l'école Saint-Augustin en particulier on a le tort d'apprendre avant tout aux enfants à connaître Dieu, à l'aimer, à le prier, à le servir, et qui plus est, on y est fermement résolu à ne jamais suspendre l'accomplissement de ce devoir, le plus sacré de tout éducateur de l'enfance. Et on y a ses raisons pour cela. Là d'abord est le grand motif de son existence : c'est une école chrétienne. Là aussi est le secret de la parfaite discipline et de l'application soutenue qui s'y remarquent jusque dans la classe des petits enfants. Là enfin et par une conséquence rigoureuse, la cause principale de ses succès.

« Enfin on prédisait à l'école qu'elle ne tiendrait pas, qu'elle disparaîtrait bientôt. Je vous prie de constater en ce moment qu'elle n'en a nulle envie, et qu'au contraire elle se rajeunit à plaisir par la multitude des petits enfants qui lui viennent de toutes parts. Les voilà, en effet, ces petits enfants de Saint-Augustin qui deviennent tellement nombreux qu'ils me chassent de leur maison avec mon patronage de jeunes gens, qu'ils m'obligent à bâtir à côté. J'ai bien peur que bientôt, poursuivant le cours de leurs succès, ils ne viennent exiger encore une partie de la nouvelle construction, et comment ferai-je pour la refuser ? En tous cas, je les y attends un jour, le jour où ils seront devenus des jeunes gens... Ma courte et simple réponse est finie. »

M. Menestrel aurait pu ajouter que l'influence de l'école Saint-Augustin s'étendit peu à peu jusque sur les écoles rivales. Celle de Plombières, en particulier, prit ou conserva une teinte chrétienne qu'elle n'aurait sûrement jamais eue sans ce voisinage : il suffit pour s'en convaincre de jeter un coup d'œil, hélas ! bien triste, sur la plupart des écoles publiques qui n'ont pas en face d'elles l'utile concurrence d'un établissement libre.

Les adversaires aveugles et passionnés de l'enseignement chrétien ne savent pas quel service on leur rend quand on réussit à créer au prix de quels sacrifices, — ceux-là seuls le savent qui y ont passé, — une de ces écoles qu'ils combattent avec acharnement : car, sans parler de cette émulation avantageuse qui s'établit nécessairement entre des établissements obligés de se disputer la confiance des familles, n'est-ce pas la seule atténuation actuellement possible aux injustices et aux duretés de la malheureuse loi scolaire, loi fatale entre toutes, qui a tellement coupé notre pays en deux, que jamais l'on ne verra se reformer l'union d'autrefois entre tous les Français tant qu'elle n'aura pas été profondément amendée dans un sens libéral !

On a vu plus haut que l'afflux inespéré des élèves à l'école Saint-Augustin fit déménager le patronage des garçons et l'obligea à se créer un nouvel et plus vaste abri. Son berceau paraissait cependant bien humble, bien modeste, lorsqu'il prit naissance durant l'hiver de l'année 1877, dans deux petites chambres basses, de vraies mansardes, sises au troisième étage du presbytère. On le commença avec un petit nombre d'enfants soigneusement triés. Bientôt un honorable habitant de Plombières, dévoué aux œuvres (1), donna un terrain situé à mi-côte, en pleine forêt, au-dessus de l'école actuelle Saint-Augustin. On y créa une terrasse agréable et commode entourée de grands arbres, où les enfants jouèrent tout l'été. Dans ce lieu isolé et solitaire, ils avaient, sans s'éloigner de la ville, tous les agréments de la campagne.

Cet humble commencement plaisait au jeune et zélé curé. « J'aime mieux, disait-il, débuter sans bruit, avec

(1) M. Augustin Parisot, aujourd'hui maire de Plombières.

un petit nombre de jeunes gens, mais qui soient parfaitement bons : c'est le grain de senevé qui croîtra en un grand arbre sous lequel beaucoup d'autres viendront peu à peu s'abriter. » L'arbre crût en effet, si bien et si vite, qu'on dut le transplanter à deux reprises, pour lui laisser de quoi étendre à l'aise ses rameaux toujours grandissants. De la belle salle qui occupait tout le premier étage de l'école Saint-Augustin, et qu'il fallut couper de cloisons pour en faire des classes primaires, il passa dans une salle encore plus vaste construite en deux fois (1883 et 1888) avec une chapelle au rez-de-chaussée. Cette pièce nouvelle mesure trente-cinq mètres sur neuf, et seize grandes baies y versent à flots l'air et la lumière de tous les côtés.

Le nombre des jeunes gens qui fréquentent ce patronage est monté à soixante, puis à cent. Rien n'est négligé pour rendre à la fois utile et agréable leur soirée du dimanche. Des jeux de toutes sortes, un ou deux goûters par an, chaque année aussi une vente où ils peuvent acheter avec leurs jetons de présence, des objets d'une réelle valeur, voilà pour les moyens d'attrait purement naturels. Mais le bien moral fait aux jeunes gens est tel que la plupart des parents intelligents et chrétiens s'empressent de seconder l'action sacerdotale, et tiennent la main à ce qu'il soit fréquenté par leurs fils.

Au pied du patronage et de l'école Saint-Augustin, s'étendent depuis peu les belles et monumentales constructions de la nouvelle école Sainte-Elisabeth et Sainte-Geneviève, dernière œuvre du curé, celle qu'il appelait son « bijou », sa « gloire » ou sa « gloriole, comme on voudra, » disait-il en riant, lorsque, dans les derniers temps de sa vie, avec une complaisance et une satisfaction dont il ne se défendait pas, il promenait ses visiteurs à travers le préau monumental et les salles magnifiques de sa chère maison. Là se sont réfugiées, depuis le mois d'octobre 1896, les sœurs institutrices de Saint-Charles bannies de l'hospice, mais elles ont entraîné avec elles la presque totalité de leurs élèves et n'en ont laissé qu'une poignée dans leurs anciennes et peu confortables salles devenues école laïque.

Des dispositions ingénieuses ont permis de rendre les deux écoles complètement indépendantes, et de donner à chacune des dégagements particuliers qui facilitent les accès. L'irrégularité du terrain, le peu d'espace dont on disposait, créaient des difficultés très réelles de construction, qui ont été surmontées de la façon la plus heureuse. Là se sont révélés à la fois l'habileté de l'architecte et le sens pratique de M. Menestrel : car l'œuvre, telle qu'elle existe, est le fruit de leur collaboration commune. Les nombreux travaux entrepris sur l'initiative du curé de Plombières avaient eu un résultat assez inattendu, celui de lui faire acquérir des connaissances techniques assez développées en fait de construction, de maçonnerie, de devis et même de plans. Voulant tout voir, tout comprendre, tout vérifier par lui-même, il fut en état d'ouvrir des avis utiles, et soit dans la disposition générale du bâtiment, soit dans l'aménagement intérieur, il suggéra plus d'une idée qui fut le principe d'importantes améliorations.

Cette grande œuvre couronna sa carrière. Il la fit assez vaste pour contenir tous les enfants, depuis l'âge le plus tendre (1) : « Je ne veux pas, disait-il, que, si un seul est privé de l'éducation chrétienne, ce soit faute de place pour le recevoir. » Il eut la joie de la voir fonctionner pendant un an avec un plein succès. Les petits enfants de l'asile surtout l'attiraient, il allait les visiter

(1) L'école Sainte-Elisabeth comprend quatre classes primaires. L'école Sainte-Geneviève est une école enfantine et maternelle. Elles sont renfermées dans le même bâtiment, qui contient aussi les logements des Sœurs.

aussi souvent que possible. A la distribution des prix de l'année dernière (17 août 1897), qui réunit pour la première fois les élèves des deux écoles, il voulut prendre encore la parole, malgré cette faiblesse croissante qui inquiétait vivement ses amis. Ce discours est comme son testament pastoral : à ce titre il mérite d'être reproduit en son entier. On le trouvera plus loin (1).

Il lui restait cependant une inquiétude : l'avenir matériel du nouvel établissement n'était pas assuré. Reprenant pour son compte la fondation de Stanislas, que d'autres n'avaient pas craint de détruire de leurs propres mains, il tenait à conserver dans son école la gratuité établie par le généreux prince. Mais les frais de construction et d'aménagement avaient absorbé presque toutes ses ressources. On lui sut ce souci, on s'empressa de le lui enlever. Un appel fait aux dames et aux demoiselles de Plombières reçut un magnifique accueil : presque toutes se firent inscrire parmi les dames patronnesses de l'Œuvre, qui, grâce à leurs libéralités annuelles, pourra continuer à accueillir tous les enfants sans distinction de fortune. On ne saurait dire la joie du vénérable pasteur lorsque ce résultat lui fut connu. Ce fut sa dernière consolation en ce monde, car quelques semaines plus tard il n'était plus : mais elle lui fut d'autant plus douce qu'elle lui venait de ses paroissiens, et qu'il vit dans ce généreux concours la preuve éclatante de leurs sympathies pour son œuvre chérie, celle qu'il aimait comme on aime le dernier-né de ses enfants.

Je glisserai rapidement sur les autres entreprises accomplies de son vivant, soit qu'il en ait eu l'initiative et qu'il en ait recueilli les fonds, soit qu'elles aient fait l'objet de donations spéciales de la part de généreux bienfaiteurs. A l'église : les stalles et les boiseries du

(1) Voir l'*Appendice*.

chœur, et le couronnement de la chaire à prêcher (1), dus à l'habile ciseau d'un artiste de Nancy, M. Klem ; la table de communion en fer forgé et ouvragé ; les deux grândes et magnifiques verrières qui avoisinent les autels collatéraux ; deux grisailles ; l'orgue avec son buffet et sa tribune (2) ; le calorifère ; et enfin deux œuvres posthumes, l'autel de Notre-Dame du Perpétuel Secours et les fonts de baptême, pour lesquelles il a préparé des ressources, mais dont il n'a pas vu l'achèvement.

Ainsi se trouve complétée, ou peu s'en faut, l'ornementation de la belle église ; en effet, il n'y manque plus guère que des confessionnaux qui soient en rapport avec le reste du mobilier.

Signalons encore un ouvroir de dames pour l'habillement des enfants pauvres, le magnifique autel de la chapelle Saint-Joseph donné par le marquis de Villafuerte (3), et enfin le nouveau chemin de la Vierge (4). Cette dernière entreprise fut à la fois un acte de piété de M. Menestrel envers la Sainte Vierge, et une attention délicate vis-à-vis des baigneurs. Il n'y avait pour accéder à ce pèlerinage très aimé d'eux qu'un sentier de chèvres et un autre chemin un peu moins escarpé, mais rude, mal situé et très incommode. Il voulut procurer

(1) Le magnifique abat-voix qui domine la chaire, est un don de M. Victor de Pruines, qui déjà avait donné autrefois la chaire ellemême. M. Albert de Pruines, l'un des fondateurs de l'école Sainte-Elisabeth, a continué vis-à-vis des œuvres de Plombières et de beaucoup d'autres paroisses les traditions généreuses de sa famille.

(2) L'orgue, sorti des ateliers de MM. Jacquot-Jeanpierre à Rambervillers, a été inauguré le 5 août 1883, sous la présidence de M. le vicaire général Chapelier, qui prononça le discours, et avec le concours de M. Gigout, organiste de Saint-Augustin, à Paris. La dépense totale a été d'environ 50,000 francs.

(3) Ancien ambassadeur du Pérou près le Saint-Siège, qui se montra très généreux pour Plombières et ses œuvres.

(4) La dépense fut d'environ 17,000 francs. On utilisa l'ancien sentier, mais il fallut acheter des parcelles de terrain et démolir une maison.

aux étrangers et à ses paroissiens un moyen plus facile de satisfaire leur dévotion envers Marie, mais il se dit aussi que sa triomphante procession aux flambeaux du 15 août, en déroulant son long ruban dans les lacets de cette voie nouvelle qui serpente à travers la colline, y gagnerait encore en éclat et en beauté.

Le diocèse s'attendait depuis longtemps à voir le curé de Plombières honoré d'une de ces distinctions auxquelles l'opinion attribue toujours une valeur proportionnée au mérite réel de celui qui les obtient. Mgr de Briey avait manifesté à plusieurs reprises le dessein de lui conférer le canonicat honoraire, mais la longue maladie qui paralysa l'activité du prélat, arrêta aussi sa main défaillante avant que fût signée la nomination. Mgr Sonnois trouva ce legs pieux dans l'héritage de son vénéré prédécesseur, et mit à l'acquitter une délicatesse qui en accrut le prix. Rien n'avait transpiré lorsque, le 31 mai 1892, il arriva à Plombières. Pendant le repas du soir, Monseigneur déploie une feuille qu'il vient de rédiger à l'instant, et en fait donner lecture par M. Albert Sonnois, son frère et son vicaire général. Elle était ainsi conçue :

« Nous soussigné, Marie-Alphonse Sonnois, évêque de Saint-Dié, voulant donner à M. l'abbé Victor-Eusèbe-Edmond Menestrel, curé de la ville de Plombières-les-Bains dont il est curé-doyen depuis l'année 1875, un témoignage authentique de l'estime particulière que nous faisons de sa personne, de son caractère éminemment sacerdotal et des œuvres si considérables dues à son zèle ; voulant d'autre part nous associer au sentiment d'universel respect dont il est entouré dans notre diocèse, nommons M. l'abbé Menestrel chanoine honoraire de notre église-cathédrale de Saint-Dié.

« ✝ Marie-Alphonse, Evêque de Saint-Dié.

Plombières, 31 Mai 1892, en cours de visite pastorale. »

En même temps un ecclésiastique était chargé d'annoncer la nouvelle à la paroisse réunie pour l'exercice du mois de Marie.

Le lendemain, à la confirmation, nous vîmes avec plus de joie que de surpise le chanoine de la veille aux côtés de Monseigneur, en face de ses paroissiens heureux et fiers, et des petits enfants qui n'avaient pas assez d'yeux pour admirer, dans son nouveau costume, leur bien-aimé pasteur.

VII

Le Curé

Epreuves et Souffrances.

C'est le sort pénible mais inévitable du prêtre zélé, de voir son zèle lui-même devenir l'occasion ou le prétexte d'implacables inimitiés.

Je dis son « sort », je ne dis pas son malheur, parce qu'une loi providentielle veut que le bien ne se fasse jamais sans luttes et sans souffrances. Toute la vie des saints, toute l'histoire de l'Eglise et celle de l'Humanité elle-même en sont la preuve vivante et irréfragable.

Si, selon la pensée de saint Paul, les simples soldats de l'armée du Christ doivent s'attendre à quelques oppositions pour peu qu'ils veuillent agir suivant leur conscience (1), à combien plus forte raison les chefs, c'est-à-dire ceux qui, ayant la garde et la responsabilité de la conscience des autres, se croient rigoureusement obligés à la former selon les inflexibles règles de la vérité et de la justice.

Les personnages les plus éminents, les bienfaiteurs publics, ceux que la postérité entoure d'une auréole de gloire et auxquels elle dresse le piédestal de sa reconnaissance, n'ont-ils pas tous été l'objet, pendant leur vie, des plus ardentes contradictions ? Et ce qu'il y a

(1) *Et omnes qui pie volunt vivere in Christo Jesu persecutionem patientur* (Tim. II, III, 12).

de plus étrange, c'est que celles-ci n'émanent pas toujours, tant s'en faut, d'ennemis déclarés du bien.

Quoi qu'il en soit, l'homme qui résiste, avec calme, sans entraînement, sans écart, sans fausse manœuvre, à un violent déchaînement, est tout simplement un héros. Saluons ces héros-là, il n'y en aura jamais assez. De tout temps, ce sont les honnis et les persécutés qui ont fait triompher le droit. « Arrosez la terre du sang des martyrs, disait Tertullien, et vous verrez pousser une moisson de chrétiens. » Mais il y a des martyres qui ne donnent pas de sang, et qui n'en sont ni moins douloureux, ni moins féconds que les autres.

Dans ce chapitre, je me garderai bien de faire l'histoire de polémiques encore toutes chaudes. Je veux simplement noter quelques faits, marquer quelques traits, et surtout révéler par des documents d'une autorité et d'une authenticité indiscutables, l'état d'âme du curé de Plombières, pendant une période douloureuse et tourmentée de sa vie pastorale.

Mais il serait impossible de parler de lui, sans dire au moins un mot des oppositions qu'il a subies, des combats qu'il a dû livrer. Est-il besoin d'avertir d'avance qu'aucune personnalité n'apparaîtra dans ces pages, qui ont la prétention d'être simplement justes? C'est même à dessein qu'ici je ne suivrai pas un ordre chronologique bien déterminé, et que je laisse flotter assez largement le fil qui relie entre eux les différents faits de ce chapitre.

M. Menestrel crut devoir adresser plusieurs appels publics à la générosité des baigneurs en faveur de ses œuvres chrétiennes de préservation et de charité. Le premier eut lieu, je crois, en 1881. Quelques personnes s'en émurent outre mesure, et affectèrent d'y voir un essai de main-mise sur la saison. On allait donc disant que le curé accaparait toutes les ressources des étrangers, au détriment des hôteliers, des commerçants et de la ville elle-même. Les bruits les plus absurdes sont toujours ceux qui obtiennent le plus de crédit, surtout si l'intérêt matériel est en jeu. Or, j'ai sous les yeux le compte de ses quêtes d'une année, qui a peut-être été la plus fructueuse de toutes : il n'atteint pas 600 francs. A qui fera-t-on croire que cette minime contribution aux œuvres locales ait pu diminuer d'un centime les dépenses faites ailleurs par les hôtes de la saison ?

Il est vrai que M. Menestrel a reçu, de la main à la main, des sommes plus importantes. Mais ces dons particuliers ne pouvaient avoir de contre-coup sur la marche ordinaire des affaires locales. Ils représentent, en effet, des sacrifices qui n'eussent pas été faits, ou qui n'eussent pas été faits pour Plombières, sans la vénération qu'inspirait, à un grand nombre de baigneurs, la personne de son curé.

Ce qui, au contraire, est bien acquis, c'est que l'activité de M. Menestrel, son dévoûment aux baigneurs et la réputation qu'il s'était faite parmi eux, ont eu, pour les intérêts matériels du pays, un résultat des plus avantageux. On cite un certain nombre de familles qui, après un premier séjour, ne sont revenues les années suivantes qu'à cause de lui ; ou du moins, son souvenir a été pour beaucoup dans le choix qu'elles ont fait de cette villégiature entre tant d'autres qui se disputent la même clientèle. La mode est changeante, presque toujours capricieuse. L'aimable accueil du curé, sa direction si justement recherchée, les fêtes splendides qu'il savait offrir aux baigneurs, ont contribué à la fixer pour plus d'un noble étranger en quête d'un séjour de vacances.

M Menestrel a lutté avec une vaillante énergie pour la conservation des droits de l'hospice, droits reconnus et regardés comme certains par les esprits les plus éclairés et les juristes les plus consciencieux. Membre élu de la commission de cet établissement, il connaissait la question mieux que personne, et il était autant que personne en situation de la discuter. Mais ses efforts n'ont eu qu'un but : le maintien d'une fondation et le respect des volontés formelles d'un insigne bienfaiteur de Plombières. Les fondations sont chose sacrée : il n'y a point contre elles de prescription légitime. On peut, dit Taine, quand elles sont anciennes, les « interpréter largement, » mais il n'est pas permis d'en violer les clauses essentielles (1). Or, Stanislas, duc de Lorraine, par des actes successifs de 1740 et de 1759, a établi dans l'hospice de Plombières, agrandi et transformé par ses libéralités, quatre sœurs de Saint-Charles destinées au soin des malades et à l'instruction gratuite des jeunes filles. Cette fondation n'est pas contestable, il en existe les actes authentiques, imprimés (2) et manuscrits ; elle doit être exécutée dans la mesure du possible : c'est-à-dire qu'une école, sise dans l'hospice même, selon la volonté du donateur, ne peut être dirigée que par les sœurs ; et que si, pour une raison quelconque, on supprime et on transporte ailleurs l'école, l'hospice reste, en toute conscience, chargé de réaliser le vœu du fondateur au mieux partout ailleurs. Que s'il en est autrement, on a en face de soi la violence : mais la violence ne détruit pas le droit, qui demeure intact et revendicable à toute époque. Telle est la thèse de M. Menestrel. J'ai cru

(1) Taine, *la Révolution*, t. I, page 219.

(2) *Recueil des fondations et établissements faits par le roi de Pologne, duc de Lorraine et de Bar*. Nouvelle édition, in-folio, 1762. Chap. VI. *Fondation pour les pauvres malades des Etats à l'hôpital de Plombières*. Chapitre XXXIX. *Supplément aux fondations du Roi, sur les objets... de l'hôpital de Plombières*.

Le capital, au denier vingt, employé dans la fondation de Plombières, est de 86,106 livres 11 sous.

devoir l'exposer brièvement mais avec clarté : elle me paraît juridiquement inattaquable (1).

Le talent des ennemis de Dieu est de glisser l'impiété sous le couvert de la politique. Depuis quelques années, une propagande très active s'est ingéniée à répandre, dans la région de Plombières, des feuilles qui, malgré certaines formules vagues de respect, sont violemment hostiles à notre foi. Le cléricalisme qu'elles prétendent combattre, n'est qu'une cible apparente, destinée à masquer les coups qu'elles portent ainsi plus sûrement au catholicisme tout entier, à ses croyances, à ses institutions, à ses œuvres de zèle et d'apostolat. Le nom et la qualité des rédacteurs bien connus de ces feuilles ne peuvent laisser d'illusions qu'à ceux qui sont décidés à ne rien voir.

Parmi les fauteurs de cette propagande, il y en avait certainement qui n'ont eu en vue qu'une opinion politique à faire prévaloir. Mais quelques autres, plus

(1) On a voulu prétendre que Stanislas aurait fondé les lits de l'hospice, les sœurs et l'école gratuite, non pas comme particulier, mais en tant que souverain du pays, et à l'aide des deniers publics, d'où l'on concluait que le souverain — c'est-à-dire, dans l'espèce, la loi de laïcisation — pouvait légalement défaire ce que le souverain avait fait. Cette assertion ne tient pas debout, elle révèle même une ignorance profonde des choses de Lorraine. Stanislas ne fut que duc viager, la Lorraine et le Barrois ayant été cédés à la France par les préliminaires de Vienne (3 octobre 1735), et son titre était plus honorifique que réel. Une convention signée avec Louis XV (30 septembre 1736) lui laissa seulement la partie gracieuse du gouvernement. Tout ce qui constitue la vraie souveraineté, notamment la levée et la répartition des impôts, le recrutement et l'emploi des troupes, la nomination de tous les fonctionnaires, fut réservé à la France (Digot, *Histoire de Lorraine*, 2e édit., tome VI, page 188). Stanislas n'était donc guère souverain qu'à la manière du bey de Tunis et des rois de nos possessions d'Indo-Chine. On lui avait octroyé, sous le titre de pension, un véritable traitement de deux millions de livres, qui lui était soldé par la France. Il n'a pas pu faire les nombreuses fondations qui lui ont valu le titre de *Bienfaisant*, au moyen des

machiavéliques, se rendaient fort bien compte qu'ici la politique n'était que le pavillon couvrant la mauvaise marchandise de l'irréligion. Cette tactique, plus habile que loyale, n'a que trop réussi. Dans notre région chrétienne, je le constate avec une profonde tristesse, on voit des pères de famille qui se croient sincèrement religieux, qui le sont en effet si on les juge par leurs paroles et par leurs actes, et qui, en même temps, par un phénomène d'aveuglement inouï et véritablement incompréhensible, introduisent ou tolèrent à leur foyer le journal sournoisement impie dont le poison tarira infailliblement dans leurs fils et même dans leurs filles la source de la foi.

Le mal est certain, évident, aussi grave que possible. Que dire et que faire ? De quelque côté que l'on se tourne, il y a angoisses et difficultés.

Se taire complètement, c'est ressembler à « ces chiens muets » dont l'Esprit-Saint flétrit l'inutilité. Parler, c'est s'exposer immédiatement à être accusé de faire de la politique, d'attaquer le gouvernement, de combattre les institutions « que le pays s'est données. » Tous

deniers publics, puisqu'il n'en avait ni le maniement, ni la disposition. Toutes ses œuvres ont été dotées sur sa cassette privée, à l'aide de ses économies personnelles. Le *Recueil des fondations*, cité plus haut, le dit ou l'insinue très clairement (Discours préliminaire). Stanislas lui-même écrivait le 27 mai 1756 : « Je veux qu'on adresse directement toutes les remontrances au Roi Très-Chrétien (Louis XV), sur lesquelles la résolution prise *n'exigera de moi que l'exécution.* » C'est un édit du roi de France (décembre 1749) qui étend à la Lorraine le nouvel impôt du vingtième créé l'année précédente pour rembourser les dettes du royaume. C'est au contrôleur général des finances de France que la cour souveraine de Nancy porte ses doléances contre les charges dont on accablait les Etats de Stanislas, et si elle les présente également à ce dernier, c'est afin qu'il intervienne près de son puissant gendre, car il n'est que l'exécuteur de ses ordres, souvent malgré lui. (Voir l'*Histoire du parlement de Lorraine et Barrois*, par M. Krug-Basse, en cours de publication dans les *Annales de l'Est*, et particulièrement le chapitre XIII (*Annales*, janvier 1898).

vieux clichés dont un long abus n'a pas encore démontré à tous la stupide fausseté.

M. Menestrel a traité deux fois *ex professo* la question des journaux, franchement ou hypocritement irréligieux. D'abord, en octobre 1891, dans une conférence aux hommes. Ce fut pour ainsi dire timidement : c'est à peine s'il prononça une fois ou deux le nom de journal. Son ton est tout l'opposé du ton provocateur. En revanche, il débute par cette déclaration d'une grande netteté : « On a essayé de compromettre le prêtre en le mêlant aux questions politiques. Récemment (1) il s'en est dégagé pour prendre sa vraie place. Il prêche le respect de toute autorité, *etiam dyscolis* (2). Mais il demande à toute autorité le respect de ce qu'elle doit respecter. »

Ces dernières lignes sont tout un programme et nous placent au vrai point de vue. Quel est le prêtre qui songerait à condamner une feuille quelconque pour ses tendances politiques, si cette feuille professait en même temps un respect suffisant pour les droits de la conscience chrétienne, la liberté de l'Eglise et celle des œuvres religieuses ?

Un an après (octobre 1892), devant le même auditoire, le curé de Plombières revint sur le même sujet. Les nouveaux faits qui s'étaient produits dans sa paroisse, depuis l'année précédente, l'y autorisaient amplement. Il avoue d'abord qu'il s'est « très péniblement » décidé à reprendre la question, mais qu'en présence d' « un

(1) Allusion à la *Réponse* du cardinal-archevêque de Paris, *aux catholiques qui l'ont consulté sur leur devoir social*, 2 mars 1891, et peut-être aussi au fameux *Toast* du cardinal Lavigerie, du 12 novembre 1890.

(2) Rappel du célèbre texte de saint Pierre (1re épitre, chap. II, v. 18), qui, à la vérité, ne s'adressait qu'aux esclaves de son temps, mais qui, par une légitime interprétation, s'applique à tous les inférieurs : *Servi, subditi estote in omni timore dominis, non tantum bonis et modestis, sed etiam dyscolis.*

plan organisé pour jeter, dans ce pays chrétien, les funestes semences de l'impiété, le devoir parle haut et ferme, et le devoir pour un homme, à plus forte raison pour un prêtre ayant charge d'âmes, doit être quelque chose de sacré. » Puis il délimite en quelque sorte son champ d'opération et pose d'avance les jalons que sa polémique ne dépassera pas. « Avant tout, Messieurs, permettez-moi de faire une remarque importante, sur laquelle j'appelle votre particulière attention : j'y tiens essentiellement. Cette remarque, c'est que, si je m'occupe aujourd'hui des mauvais journaux, c'est uniquement au point de vue religieux, au point de vue de la défense de nos intérêts chrétiens, et pas du tout à un autre. Vous le verrez bien, du reste, et, quand vous m'aurez entendu, vous pourrez me rendre le témoignage que je n'ai pas quitté un seul instant le terrain qui appartient au prêtre, et sur lequel il a, de par Dieu, la liberté de se mouvoir. » Il suffit en effet de lire la conférence tout entière pour se convaincre qu'il n'est pas sorti une seul fois des limites qu'il s'était tracées.

On a dénoncé et incriminé une de ses allocutions aux hommes, où il aurait été question des élections municipales. J'en ai le texte entier sous les yeux, — et l'on sait que dans ces circonstances surtout, M. Menestrel ne s'exposait jamais aux surprises de l'improvisation. — Elle ne contient pas un mot qui ne soit marqué au coin d'une grande prudence et d'un tact parfait. On y chercherait en vain une personnalité quelconque, une allusion transparente, rien de ce qui aurait pu remuer les passions locales. En dehors de conseils d'ordre purement matériel, qui se résument, pour le fond, à rappeler à ses auditeurs que le devoir d'aller voter ne leur donne pas le droit de manquer à la messe, il se borne à leur dire brièvement qu'étant chrétiens, ils doivent voter en chrétiens. C'est sa plus grande hardiesse : avouons qu'elle est modeste. Quel est le prêtre ou le pasteur qui puisse parler autrement ? On n'a pas le droit d'oublier ses croyances quand on dépose dans l'urne son bulletin de vote. Qui donc, dans les camps adverses, oublie les siennes à ce moment-là ? Dire cela, simplement, comme un point évident de doctrine, c'est poser un principe du bon sens, ce n'est pas sortir du terrain religieux, encore moins faire invasion dans le domaine de la politique. Et si certaine politique s'en jugeait atteinte, tant pis pour elle ! Ce serait une preuve indubitable qu'elle est sortie elle-même de son terrain, qu'elle a fait acte d'hostilité, qu'elle nous constitue en état de légitime défense.

Ceux qui ont connu le curé de Plombières, savent au contraire combien il avait peur de compromettre la religion dans des luttes qui ne la regardent pas. Les choses de la terre le touchaient peu : il ne les envisageait que dans leurs rapports avec celles du ciel Il n'a combattu ni pour un homme, ni pour une administration, ni pour une politique. Il a toujours marché droit, du côté où il a cru reconnaître la vérité, la loyauté, la justice. C'est cela précisément qui l'a rendu fort, c'est aussi à cause de cela qu'il ne s'est jamais senti effleuré par le découragement.

Vers la fin de la saison de cette même année 1892, un journal publia d'odieux blasphèmes contre les dogmes catholiques, et des mains malfaisantes en répandirent à foison des exemplaires dans toute la paroisse. Cette fois, il n'y avait pas à s'y méprendre, l'attaque était directe, et les moins clairvoyants ne pouvaient s'abuser sur le but qu'on voulait atteindre. L'intrépide et zélé curé ne laissa pas passer un pareil attentat sans faire entendre une vigoureuse protestation qui, naturellement, ne fut pas du goût des propagateurs de l'infâme article ; aussi, ils s'en vengèrent en l'attaquant personnellement, lui et un de ses confrères voisins, dans des termes d'une extrême méchanceté. L'abbé Menestrel était à Lourdes, aux pieds de la Sainte Vierge, lorsqu'il reçut communication du libelle diffamatoire. Il écrivit sur-le-champ à ses vicaires une longue et admirable lettre (1) qu'il faudrait reproduire tout entière, dont je citerai au moins les principaux passages. Le curé de Plombières s'y révèle tel qu'il a été toute sa vie, tel qu'il fut particulièrement pendant ces dernières années où il lui fut fait, par la voie de la presse, une guerre acharnée, sans trêve ni merci. Tout ce qui n'est pas inféodé à l'irréligion militante, saluera cette fermeté sans défaillance unie à une charité sans limites :

« Je ne puis vous dire avec quelle impatience j'attendais des nouvelles de Plombières. Quand on est, comme je le suis, loin de sa paroisse, — qui est la famille du prêtre, — la pensée s'y reporte à tout instant, et non sans regret de ne plus être au milieu de tout son monde, ni sans désir de savoir comment s'y comportent les intérêts de Dieu et des âmes. »

Après avoir rappelé le souvenir de ses malades, et recommandé à ses coopérateurs de continuer à les visiter à sa place, parce que, disait-il, « ils seront heureux de vous voir » et que « la visite du prêtre est la meilleure consolation du malade, » il en vient à l'objet principal de sa lettre, exprime sa peine et sa douleur des tentatives impies qui se produisent chez lui pour anéantir la foi de ses ouailles, et continue en ces termes dignes, nobles et courageux :

« J'estime que, dans les temps actuels surtout, nous avons un devoir rigoureux à remplir, celui de prémunir souvent, — et, comme le dit le saint Apôtre, à temps et à contre-temps, — les fidèles contre les tentatives de l'impiété. Nous n'avons pas à craindre de le faire : en ces matières, nous ne relevons que de Dieu.

« C'est pourquoi, puisque l'occasion nous en est de

(1) 21 septembre 1892.

nouveau malheureusement fournie, je désirerais vous voir redonner dimanche, sous une forme ou sous une autre, les avis d'il y a quinze jours.

« Vous ne vous occuperez évidemment pas de ce qui nous concerne personnellement, M. le curé de X... et moi. Vous savez du reste quels sont mes principes à ce sujet. Qu'importent les personnes, pourvu que Dieu soit glorifié, que la Sainte Vierge soit toujours bénie et que les âmes soient préservées du mal et des châtiments ? Nous, nous devons plus que tous autres, tout pardonner, et rendre de notre mieux le bien pour le mal. Aussi, je vous avoue, en toute simplicité, que ma première pensée a été de courir à la grotte de la Vierge de Lourdes, dire ma meilleure prière à l'intention de ceux qui cherchent à nous faire de la peine et à entraver notre saint ministère.

« Ce qui ne m'a pas empêché toutefois, pour leur bonheur aussi bien que pour celui de la paroisse, de prier pour qu'ils ne réussissent en rien contre notre foi et nos saintes pratiques de la religion.

« Donc, je le répète, ne nous mettez personnellement nullement en cause. Dieu jugera plus tard. Mais autant il faut mettre de côté les personnes, autant il faut affirmer les principes, les vérités, les devoirs. Il y va du salut de plusieurs, et nous ne saurions traiter à la légère une aussi grave affaire. Et il y va également de notre propre salut.

« Ayez donc la bonté d'affirmer de nouveau, dimanche, devant la paroisse, le danger qu'il y a pour tous à lire de mauvais livres et des journaux hostiles à Dieu et à la morale chrétienne, en même temps que la faute grave que l'on peut commettre, en se permettant une semblable lecture, surtout habituellement. »

Puis il ajoute, avec un grand sens qui révèle la profondeur de son coup d'œil, ces paroles admirablement et tristement justes, que je recommande à l'attention de tous ceux qui n'ont pas rompu avec la foi : « Quand une fois les mauvais livres et les mauvais journaux ont accompli leur œuvre néfaste dans une âme, *c'est comme lorsqu'on s'est défiguré*, il est bien rare qu'on revienne, même avec de la bonne volonté, à son premier état. »

Mais saisi par une indicible tristesse : « Pourquoi faut-il, hélas! alors que je suis ici pour supplier la Sainte Vierge de nous bénir et de nous protéger, alors que j'y resterai si peu de temps pour recommander tout le monde, — un temps si précieux et qui passe si vite — pourquoi faut-il, dis-je, que je sois obligé de vous écrire tout cela ? »

Qu'importent les personnes, pourvu que Dieu soit glorifié : c'est bien là tout le curé de Plombières. Il est insensible aux outrages qui s'adressent à lui seul : il n'y répondra jamais. Jamais non plus il ne conservera dans son cœur, il ne laissera percer dans ses paroles la moindre aigreur contre ses plus acharnés antagonistes, quels qu'ils soient : tous ceux qui, comme moi, l'ont vu souvent, familièrement, pendant ces quatre ou cinq pénibles années se lèveront pour l'attester. Mais il ne faut pas attaquer sa foi, ni celle de son troupeau : l'agneau se change en lion, et rien n'intimide l'apôtre intrépide qui, dans la vie privée et les relations ordinaires, reste l'homme le plus pacifique, le plus tolérant, le plus condescendant.

« Ai-je besoin d'ajouter, disait-il encore, qu'avant de prendre la plume, j'ai prié la Sainte Vierge de m'éclairer et de me guider. Elle m'a mis au cœur la confiance absolue qu'elle nous garderait, nous qui l'honorons sous le vocable de Notre-Dame de Plombières, comme notre spéciale et meilleure protectrice, contre de mauvais desseins que je connais, et qu'en définitive, elle fera tourner toutes choses au bien.

« Pour nous, mes chers vicaires, attendons-nous et

préparons-nous à combattre plus que jamais le bon combat. »

Mais il avait peur encore qu'on ne travestît sa juste fermeté, en agression contre certaines personnalités, et après avoir donné quelques détails sur les manifestations religieuses dont il venait d'être témoin (1), il revient sur une pensée qu'il a déjà exprimée tout à l'heure, et qu'il veut rendre encore plus sensible :

« Dites bien, dimanche, à la paroisse, je vous en prie, que j'ai pensé à Lourdes, à tout le monde sans exception. Qui omettrais-je ? Qui n'aimerais-je pas ? puisque je suis le pasteur de tous sans exception ?

« Oui, dites bien que je n'ai oublié personne, ni les pauvres, ni les malades et les affligés, ni ceux qui n'aiment pas Dieu et la Sainte Vierge, ni ceux qui pourraient les aimer davantage, ni ceux qui m'aident à faire un peu de bien, ni les œuvres et les pieuses associations de la paroisse, personne, en un mot, absolument personne.

« J'ai fait brûler des cierges pour tous à la grotte, et c'est à chaque instant que je recommande de mon mieux les intentions, les désirs, les situations que Dieu connaît, de chacun de ceux que la Providence m'a confiés. A vrai dire, j'éprouve à tout cela un véritable bonheur. La Sainte Vierge veuille bien suppléer, dans sa bonté sans borne, à l'insuffisance de mes efforts et de mon dévouement, dans le passé et dans l'avenir ! C'est en elle surtout que je me repose, dans la crainte des jugements de Dieu, qui sait ? peut-être prochains.

« Il est bien temps que je cesse, mais surtout que je retourne à la grotte. Mais là encore, je continuerai ma

(1) Il s'était rencontré à Lourdes avec plusieurs grands pèlerinages, entre autres celui de la Vendée qui comptait 2,500 hommes : « des chrétiens, de fiers chrétiens, » dit-il, car tous avaient communié devant la grotte. « On nous appelle, paraît-il, la Vendée des Vosges, je ne crois pas qu'on puisse nous faire un plus bel éloge. »

lettre, je lui donnerai une seconde partie, composée de tous mes vœux, de tous mes désirs de prêtre et de pasteur. Je la ferai bien longue, et je l'enverrai vers vous, par le Cœur admirablement bon de Marie. »

M. Menestrel usa peu, — une fois seulement, je crois, — du droit de réponse, que la loi accorde aux personnes visées ou désignées dans un article de journal. Eut-il tort, eut-il raison ? Point difficile à décider, car on sait ce dont est capable la mauvaise foi d'un plumitif à gages, qu'aucune pudeur n'arrête et à qui la crainte seule peut communiquer parfois un brin de sagesse. Avec des écrivains de cette espèce, il est difficile d'avoir le dernier mot, tant ils sont habiles à pirouetter autour des questions, tant ils ont le talent de se rendre insaisissables. D'autre part, comment faire pénétrer par une autre voie, une lueur au moins de vérité dans le cerveau d'une foule de gens qui ne lisent jamais que leur journal favori ? Tout ce qui n'est pas formellement démenti, passe à leurs yeux pour une vérité acquise, et cette prétendue vérité produit, sur les esprits rudimentaires, une impression ineffaçable, qui, j'en ai eu cent fois la preuve, a, tôt ou tard, de désastreuses conséquences pratiques.

Ah ! que ce maître homme de Voltaire connaissait bien son espèce humaine, quand il a écrit sa fameuse phrase : *Mentez, mentez,* etc. Il est certain, quoi qu'on en dise, que du mensonge et de la calomnie, il reste toujours quelque chose.

Durant cette douloureuse période, où les agressions se succédaient presque de semaine en semaine, ce qui frappa surtout ceux qui approchaient le curé de Plombières, ce fut sa pleine possession de lui-même et sa parfaite sérénité. On me croira peut-être difficilement, si j'affirme, ce qui est rigoureusement vrai, qu'il ne perdit même rien de sa gaîté. Cependant, tout lui était connu, il lisait exactement toutes les feuilles où il était maltraité, et il avait encore d'autres sources d'informations aussi secrètes que sûres. A peine entrevit-on parfois sur son front, un léger pli bien vite dissipé, rare et fugitif indice d'une préoccupation ou d'une tristesse intime. Il se ressaisissait tout de suite, s'intéressait, comme par le passé, aux affaires, aux peines et aux difficultés des autres, continuait à les aider de ses encouragements et de ses conseils, tout comme s'il n'avait rien eu à souffrir pour son propre compte.

Cette parfaite tranquillité serait un phénomène inexplicable, si l'on ne savait que le curé de Plombières, homme entièrement surnaturel, n'envisageait jamais les choses humaines que par le côté où elles touchaient à des intérêts vraiment supérieurs. Quel contraste avec ces petitesses, ces jalousies, ces mesquineries de tout genre, qui grouillent dans les bas-fonds de la politique de parti ! Pour moi, je ne puis me rappeler tous ces évènements, sans que me reviennent à la mémoire les beaux vers du poète latin :

> Justum et tenacem propositi virum
> . . . .
> Si fractus illabatur orbis
> Impavidum ferient ruinæ (1).

Au milieu de ces attaques incessantes qui devaient se renouveler jusqu'à la fin, une douce consolation lui fut ménagée par la piété filiale de son fidèle troupeau. Vingt-cinq ans allaient s'achever, depuis le jour où il avait reçu, dans la chapelle du grand séminaire de Saint-Dié, l'onction sacerdotale, vingt-cinq ans dépensés dans le plus noble et le plus fécond ministère. Un pieux complot se forma dans la paroisse, pour célébrer avec éclat ses noces d'argent, et on ne le lui fit connaître qu'au moment où tout fut prêt. Ce jour-là, le

(1) « L'homme juste, l'homme inflexible dans ses principes... Que l'univers s'écroule autour de lui, ses débris le frapperont sans l'ébranler. » Horace, *Odes*, livre III.

31 juillet 1895, dans son église magnifiquement ornée par des mains dévouées et reconnaissantes, au milieu d'une foule nombreuse de paroissiens et de baigneurs, entouré du clergé de son doyenné, des prêtres originaires du pays et de quelques amis venus exprès, parmi lesquels on distinguait son vénéré prédécesseur à Plombières, M. Chapelier, il célébra avec une ferveur extraordinaire une messe solennelle d'actions de grâces, pour remercier Dieu des bienfaits qu'il lui avait accordés et des innombrables faveurs dont il l'avait fait le canal, en vue du bien et du salut d'un nombre incalculable d'âmes.

Des voix amies se seraient volontiers offertes pour prendre la parole en cette fête de famille : mais il voulut s'en réserver à lui-même l'honneur et la consolation. C'était le moyen de couper court aux éloges qu'un autre n'eût pas manqué de lui décerner et que son humilité n'aurait pu supporter. Mais il regardait aussi comme un devoir de cœur, de témoigner une fois de plus son affection et sa reconnaissance à tous ses paroissiens, de les remercier surtout des généreux sacrifices qu'ils s'imposaient, en ce moment, pour la nouvelle école Sainte-Elisabeth, — on en creusait alors les fondations, — et il s'échappa de son cœur comme un chant d'allégresse et de reconnaissance, en songeant que, l'année suivante, elle abriterait dans ses magnifiques salles, la plus grande partie des filles et des petits enfants de Plombières, l'élite de ceux des Granges et d'une section du Val-d'Ajol.

Le souvenir de son ordination lui revint en mémoire avec une vivacité surprenante et lui fit monter les larmes aux yeux. « Un prêtre, s'écria-t-il, pourrait-il oublier le jour plein de douces émotions, où il a reçu l'onction sainte, le caractère que les siècles sans fin de l'éternité n'effaceront jamais ? » Pour lui-même, il ne demanda que des prières, afin que « Dieu, dit-il avec humilité, daigne me pardonner tous mes manquements, toutes mes infidélités, dans mon ministère près de vos âmes, depuis bientôt vingt ans. Volontiers, on se figure dans le monde que le prêtre, vivant au milieu des choses saintes, perpétuellement en contact avec l'Eucharistie, et en rapport avec Dieu et avec le ciel, n'a rien à redouter des jugements de Dieu. Ah ! mes Frères, gardez-vous bien, s'il vous plaît, de cette erreur. Personne plus que le prêtre, au contraire, n'a sujet de trembler. C'est une loi immuable de la justice divine que celui à qui il a été plus donné, à celui-là il sera plus redemandé : et qui donc a reçu de Dieu plus de grâces et de pouvoirs, et partant, porte sur ses épaules plus de responsabilité ? »

A midi, réunis fraternellement autour de sa table, nous lui souhaitâmes de longues années et une plus belle fête encore pour ses futures noces d'or. Hélas ! deux ans ne s'écoulèrent pas avant qu'il ressentît le premier coup du terrible mal qui devait le ravir si promptement à ses paroissiens et à ses amis surpris et consternés.

VIII

Maladie et Mort.

L'abbé Menestrel eut toujours une santé délicate. Depuis son accident de Neufchâteau, il était sujet à de violentes migraines et à de fréquentes insomnies qu'il mettait à profit, comme Bossuet, pour écrire ou travailler : aussi voyait-on souvent de la lumière suinter à travers ses rideaux, à toutes les heures de la nuit. Vicaire, il se ménageait ; curé, il ne se ménagea plus du tout, et moins encore, s'il est possible, dans les dernières années de sa vie, alors qu'il en aurait eu le plus besoin.

Nous nous apercevions bien, à certains moments, d'une déperdition de forces, mais son activité restait si sensiblement la même et sa gaîté était toujours si vive, que les craintes, un instant conçues, se dissipaient promptement. En le voyant occupé, affairé et charmant, notre piété filiale ne se faisait pas à l'idée que nous risquions de le perdre bientôt. Pour lui, loin de se plaindre, il ne savait que donner les meilleures nouvelles de sa santé. Confessions très nombreuses, surtout en saison, visites reçues et rendues, catéchismes, soin des malades, et plus encore les œuvres, dont la création, le fonctionnement et le développement — sans parler des attaques passionnées dont elles furent alors l'objet — exigeaient de lui un travail énorme et presque surhumain, il menait tout de front avec une apparente facilité qui faisait illusion à son entourage et à ses amis.

Quand on l'engageait à s'accorder un peu de repos, à prendre au moins quelques précautions, il acceptait très gracieusement le conseil en théorie, et l'oubliait complètement dans la pratique. Que si on le pressait un peu plus fort, alors il répétait sa maxime favorite : « A quoi bon vivre longtemps pour ne rien faire ? Travaillons, luttons, dépensons-nous. Ne vaut-il pas mieux mourir jeune en tombant sur la brèche, que de devenir très vieux en se soignant, en s'écoutant, en se dorlotant sans cesse ? »

On ne peut donc pas dire qu'il s'abusât sur les conséquences probables de ce surmenage effrayant, auquel il se livrait depuis plus de vingt ans. Je pourrais citer de lui certaines paroles qui démontrent et sa prescience du danger et l'aisance avec laquelle il en prenait son parti. Un jour, un ami lui dit, non sans quelque mélancolie : « Je crois bien que nous avons déjà dépassé la moitié de notre carrière. — Oh ! déjà ! fit-il, en riant de fort bon cœur, il me semble à moi qu'il y a longtemps que c'est fait. »

Le 28 mai 1897, dans l'après-midi, il causait tranquillement avec son architecte, sur le seuil de l'école Sainte-Elisabeth, lorsque celui-ci le vit pâlir et chanceler, et n'eut que le temps de le recevoir entre ses bras. Les médecins constatèrent une congestion cérébrale. La connaissance, un instant suspendue, ne tarda pas à revenir, mais lentement et seulement par degrés. Le premier geste du malade fut de faire un grand signe de croix. sa première parole, pour demander son confesseur.

La catastrophe avait été aussi soudaine que possible, car la journée avait été plutôt bonne, mais de violents maux de tête, ressentis les jours précédents, en avaient été sans doute un prodrome inaperçu sur le moment.

C'était donc, à vingt-sept ans de distance, la reproduction de l'accident de Neufchâteau. Plusieurs crises du même genre s'étaient fait sentir dans l'intervalle, mais comme elles avaient été légères et passagères, le courageux curé n'en avait jamais parlé à personne, ne voulant ni s'inquiéter lui-même, ni alarmer les autres.

Cette fois, il ne s'abusa pas. Dès que son confesseur fut arrivé : « Voici, lui dit-il, un avertissement qui me vient du ciel, il faut que j'en profite et me prépare à la mort. » En même temps, il saisissait son crucifix indulgencié qu'il couvrit de ses baisers.

Après les premiers soins prodigués à l'école même, on l'avait transporté au presbytère. Aux médecins qui l'interrogeaient, il donna des renseignements circonstanciés sur tout ce qui s'était passé jusqu'au moment où il avait perdu connaissance. En même temps, il entremêlait ses réponses de réflexions, dans lesquelles éclataient sa foi, sa piété, sa soumission à la volonté de Dieu. Il y en eut même plusieurs qui pouvaient passer pour piquantes et presque malicieuses, à l'adresse d'un docteur notoirement incroyant, mais l'abbé Menestrel a déclaré plus tard n'en avoir aucun souvenir.

Tout en reconnaissant la gravité du symptôme, les médecins déclarèrent qu'il n'y avait danger ni immédiat, ni prochain. Cependant, dès qu'ils furent sortis, le malade parla de sa confession « généralissime » qu'il voulait préparer le plus tôt possible, donna des indications précises sur ses affaires temporelles, et fit connaître ses dernières volontés, surtout par rapport à ses chères œuvres qui lui tenaient tant à cœur, et dont il voulait assurer la perpétuité en les mettant à l'abri, soit d'une surprise, soit d'un coup de main. Son interlocuteur avait beau lui dire que rien ne pressait, que la faculté garantissait sa prompte guérison, que le silence et le repos étaient rigoureusement prescrits : « Laissez-moi, répondait-il, vous parler de toutes ces questions ; loin de me fatiguer, j'y trouve la tranquillité : c'est peut-être un châtiment du bon Dieu que je ne craigne plus la mort, mais je ne la crains plus. »

Cette crainte de la mort, disparue au moment même où la vision d'une fin prochaine éclate en lui claire et nette, est un phénomène d'autant plus digne d'attention que, depuis son accident de Neufchâteau, l'abbé Menestrel n'avait cessé d'être poursuivi par la terreur des jugements de Dieu. Nous en avons pour garants et ses propres aveux et plusieurs passages très expressifs de ses discours publics. Elle ne reparut pas une seule minute durant les derniers jours de sa vie où, ressaisi par le même mal, il se vit descendre vers la tombe avec une lucidité qui n'eut d'égale que sa pleine et prodigieuse sérénité. Très fréquemment, les grands serviteurs de Dieu, et particulièrement ceux qui se distinguent par une dévotion filiale et confiante envers la Sainte Vierge, ont obtenu pareil privilège.

Vers minuit, les douleurs de la tête et l'embarras gastrique avaient à peu près disparus. « Reprenez ce crucifix, dit-il, je vais mieux, je vais dormir. Il me semble que je n'ai pas gagné les indulgences de la bonne mort : je ne mourrai pas cette fois. »

Le lendemain matin, il aurait dit sa messe, si on ne l'en avait pas empêché. Le mieux persévéra, et la cruelle angoisse qui étreignait la paroisse depuis la veille, se changea en une prompte allégresse.

Néanmoins, pour un observateur attentif, le mal n'était qu'enrayé, il n'avait pas disparu, et le danger continuait à planer sur sa tête, terrible, inexorable, aussi incertain dans l'heure de son retour qu'impossible à détourner. Il aurait fallu des soins, du repos, une vie très calme, un dégagement complet de tout souci. L'abbé Menestrel le sentait parfaitement et prit sa résolution sans hésiter : ce fut de continuer son ministère comme si de rien n'était.

Il ne tarda pas à reprendre l'une après l'autre toutes ses occupations. La saison arrivait avec son cortège de fatigues extraordinaires. Il ne diminua rien de ses heures de confessionnal, reçut et fit toutes ses visites, continua ses catéchismes, travailla à ses œuvres avec plus d'activité que jamais. En un mot, sans quelques précautions passablement gênantes, du côté de la nourriture, que les médecins avaient recommandées, et auxquelles il se soumettait de bonne grâce, rien, dans son genre de vie, ne laissait deviner qu'il avait été à deux doigts de la mort, et que le trouble causé dans l'organisme par la secousse du 28 mai, était loin d'être dissipé.

Chaque fois qu'on l'interrogeait sur sa santé, il répondait invariablement qu'il n'y avait pas lieu de s'inquiéter ni de se préoccuper à son sujet. Il donnait ainsi à tout le monde l'illusion qu'il n'avait pas lui-même.

Dans les deux jours qui précédèrent la grande fête de l'Assomption, si chère à la piété des baigneurs et de ses paroissiens, il entendit à lui seul plus de trois cent trente confessions. Comme un ami, accouru à son chevet dès les premiers jours de sa rechute, lui reprochait doucement cette imprudence : « Il fallait bien, répondit-il avec un accent de piété intraduisible, que la Sainte Vierge eût son compte de communions. » On était sûr de s'attirer des réflexions de ce genre toutes les fois que l'on essayait de ralentir son zèle ou d'en critiquer les pieux excès, et alors, on était confondu, on se taisait et on admirait.

Il eut aussi à s'occuper, comme tous les ans, des préparatifs de l'illumination de la Vierge et de la grande procession du 15 août. Le 17, il réunissait ses deux écoles Saint-Augustin et Sainte-Elisabeth en une séance solennelle de distribution de prix. Eu égard à sa faiblesse croissante, la composition du discours dont j'ai déjà parlé a dû lui demander un effort pénible. Le lendemain, il fut obligé de faire un long et fatigant voyage, dont il revint brisé. Il se sentit de plus en plus mal les jours suivants, et, le dimanche 22 août, d'une main mal assurée et comme touchée par la mort, il écrivait à son ami, le curé de Bellefontaine, les lignes suivantes : « Ne pourriez-vous pas venir ce soir, dès que vous serez libre ? Je suis un peu moins à mon aise, sans qu'il y ait d'inquiétude, mais j'aimerais bien de vous voir. »

Dès la veille, le 21, il avait pris une de ces dispositions qui révèlent plus que tout peut-être, l'intérieur de sa grande âme toute pétrie d'amour de Dieu, de zèle, d'humilité, d'abnégation, d'oubli complet de soi-même. Avec cette clairvoyance, cette lucidité qui ne l'abandonnèrent pas un seul instant jusqu'à la fin, il s'était dit qu'il pouvait être atteint subitement par un de ces coups qui éteignent l'intelligence sans toucher à la vie, que son titre de curé inamovible gênerait l'autorité diocésaine pour lui donner un successeur, s'il n'y pourvoyait d'avance par sa démission éventuelle. En conséquence, ne voulant pas que sa paroisse pût souffrir en quoi que ce soit à cause de lui, il rédigea, sur papier timbré, la pièce suivante, que je transcris mot pour mot :

« Je soussigné, Edmond Menestrel, curé de Plombières, ai l'honneur de remettre entre les mains de Sa Grandeur Monseigneur l'évêque de Saint-Dié, ma démission de curé de Plombières, pour en user comme il en jugera bon pour les intérêts de ma chère paroisse, si la maladie vient m'empêcher de remplir convenablement les fonctions de mon saint ministère.

« L'abbé E. Menestrel, Curé de Plombières.

« Plombières, le 21 Août 1897. »

Cet acte, mis sous les yeux de Mgr Foucault, arracha des larmes au vénérable prélat, lorsqu'il le lut, le lundi 13 septembre, en face du cadavre presque encore chaud de celui qui eut, trois semaines avant sa mort, cette inspiration presque héroïque !

Ses dispositions testamentaires étaient prises depuis longtemps. Il les avait modifiées, à plusieurs reprises, mais toujours dans le même esprit de foi dont témoignent les lignes suivantes, datées du 24 septembre 1874. C'est à sa sœur bien-aimée qu'il confie ses intentions : « Si j'étais resté le dernier, lui dit-il, je pensais, ainsi que je te l'ai dit en plusieurs circonstances, faire en sorte que tout ce que j'aurais eu, passe en bonnes œuvres. » Et il lui insinue, avec une exquise délicatesse, ce qu'il attend d'elle pour le cas où elle lui survivrait. Le 18 février 1889, il ajouta quelques stipulations concernant sa sépulture : « Je veux être enterré à Plombières, au milieu de ceux que Dieu a daigné me confier. Que mes chers paroissiens veuillent bien me pardonner mes négligences au service de leurs âmes et la peine que j'aurais pu leur causer ; qu'ils n'en prient pas moins pour moi. Si Dieu me fait miséricorde, je leur promets de prier beaucoup pour eux. C'est une de mes plus douces espérances de penser qu'ils se souviendront de moi et m'aideront devant Dieu. Je désire reposer dans la partie inférieure du cimetière, à peu de distance de la porte d'entrée, afin que mes bien-aimés paroissiens et les enfants que j'ai élevés, aient plus de facilité d'aller prier sur ma tombe..... Je les remercie d'avance du fond du cœur et leur donne rendez-vous au ciel. Je prie ma sœur de me pardonner de renoncer à la sépulture de famille. La place du pasteur est plutôt au milieu de la famille que le bon Dieu lui a donnée et à laquelle il tient par des liens si puissants. Et puis, à Bruyères, quand elle ne sera plus, qui prierait pour moi ? »

Mais reprenons la suite du récit (1).

Dès le dimanche soir (22 août), M. l'abbé Blanpied s'empressa d'accourir à l'appel de son ami. Celui-ci était debout, un peu abattu, mais rien ne faisait prévoir une prochaine catastrophe. Cependant le vénérable malade déclara aussitôt son intention de régler définitivement toutes ses affaires. « A demain, dit-il : le matin, le spirituel, le soir, le temporel. Je ne me sens pas bien. Il faut que je mette tout en ordre, sans quoi je ne serais pas tranquille. Si le bon Dieu veut me laisser encore quelque temps sur la terre pour affermir mes œuvres, *non recuso laborem* ; mais, s'il juge ma mission finie, que sa volonté soit faite ! Je me remets tout entier à la Providence. Les médecins veulent que je me soigne, ils prétendent m'envoyer en Suisse : ce n'est pas cela qu'il me faut. Je partirai la semaine prochaine, — pas avant, parce que j'ai encore bien des choses à arranger, — mais lundi sans faute (2), je vais chez vous à Bellefontaine, je m'y installe, j'y ferai ma retraite, vous me la prêcherez, ajouta-t-il en souriant. En même temps, je me reposerai, me promènerai et respirerai un peu le bon air de votre jardin. Les médecins veulent me persuader que mon estomac seul est malade : je n'en crois rien, je suis atteint là (et il montrait sa tête) ; d'ailleurs, voilà ma main gauche qui échappe ce qu'elle tient sans que j'en aie conscience : c'est un signe. A la garde de Dieu, mais je dois me préparer à la mort. »

(1) Je suis en quelque sorte pas à pas la relation si émouvante de M. l'abbé Blanpied, qui, après avoir visité son ami encore plus fréquemment que d'habitude dans les dernières semaines, s'installa à son chevet le 30 août, pour ne plus le quitter une seule minute jusqu'au dernier soupir, et le soigner avec un dévouement qui a profondément touché les paroissiens et les amis de M. Menestrel.

(2) Le lundi 30 août.

Tout ce discours était débité avec le plus grand calme.

Le programme fut suivi de point en point. La séance du soir, consacrée aux affaires temporelles, se prolongea fort tard ; le malade ne voulut jamais admettre qu'il se fatiguait ; il ne se départit point de sa tranquillité ordinaire. Un instant cependant, l'émotion étrangla sa voix et quelques larmes coulèrent de ses yeux, quand il lut ce passage de son testament : « Je veux que, d'une manière ou d'une autre, tous mes biens fassent retour à Dieu. » Mais ce ne fut qu'un éclair.

Les trois ou quatre jours suivants se passèrent relativement bien. M. Menestrel allait et venait, vaquait à quelques occupations, recevait des visites et ne parlait guère de sa santé. On commença à se rassurer un peu dans son entourage. Cependant, lui s'observait avec attention, et la conviction s'affermit en lui qu'il était frappé à mort. Il le déclara nettement à son confesseur le vendredi suivant (27 août), alors que l'on croyait partout à un mieux accentué. Il profita de la présence de M. l'abbé Blanpied pour donner ou renouveler quelques instructions spéciales auxquelles il tenait particulièrement, celles surtout dont son humilité entendit faire une obligation rigoureuse à tous : « Point d'oraison funèbre à l'église, point d'article nécrologique dans la *Semaine religieuse.* » Il n'avait pas prévu que l'Evêque du diocèse serait présent à ses funérailles, et que, dans son droit souverain, il ne se croirait pas lié par une défense qui ne pouvait monter jusqu'à lui. Il ne se doutait pas non plus que ses amis se dédommageraient un peu plus tard du silence forcé de notre feuille diocésaine par cette notice plus étendue dont ils ont conçu le projet et réclamé l'exécution.

Dès ce moment, l'idée d'un séjour à Bellefontaine fut abandonnée ; les médecins d'ailleurs avaient changé d'avis et conseillaient au malade quelques bains. Mais il demanda à son confesseur de passer près de lui toute la semaine suivante. « Un de mes vicaires, lui dit-il, ira vous remplacer. Je tiens à faire ma retraite, et à la faire en votre compagnie. »

Le dimanche 29 août, il voulut absolument célébrer la messe pour ses paroissiens. Un de ces pressentiments intimes et puissants qui envahissent parfois l'être humain dans les instants solennels, lui révéla-t-il en celui-ci, qu'il montait pour la dernière fois à l'autel? On peut le croire, car, à plusieurs reprises, des sanglots secouèrent sa gorge, pendant cette messe qu'il acheva péniblement. Dieu fit peut-être passer devant les yeux de son âme la vision de ces vingt-sept années de sacerdoce, depuis le jour où il avait dit sa première messe avec tant de ferveur dans la chapelle du grand séminaire de Saint-Dié. Bon et fidèle serviteur, il n'avait rien à craindre, le compte était léger pour lui. Quoi qu'il en soit, il rentra chez lui presque anéanti, et le lendemain, il se coucha pour ne plus se relever. Il avait tenu bon jusqu'au bout. Mais la mesure était pleine, et la dernière heure de sa vie allait sonner.

Alors commence une longue agonie de douze jours, pleine de scènes inoubliables pour ceux qui en ont été les témoins heureux et tristes, mais que la plume ne saurait traduire qu'imparfaitement. Le vénéré malade conserve toute sa lucidité, garde sa présence d'esprit, reconnaît tout le monde, trouve un mot aimable pour chacun, n'oublie rien ni personne, s'intéresse à tout, prévoit tout, suit sans effort apparent tout ce qui se passe autour de lui, même quand il a les yeux clos et qu'il paraît étranger à ce qui l'environne. Rien ne trahit chez lui la plus légère angoisse : son calme parfait ne se dément pas un seul instant jusqu'au bout. Il a même de temps à autre, de ces bons mots innocents, de ces douces malices, de ces spirituelles réflexions qui faisaient le charme habituel de sa conversation avec ses amis. En un mot, sauf la souffrance qui plisse quelquefois son front, les congestions répétées qui accentuent la torsion des lèvres et la paralysie du bras gauche, et la faiblesse de la voix qui finit par devenir imperceptible, rien n'est changé en lui, et, par moments, on a peine à se figurer qu'il est à la veille de mourir.

La piété la plus vive et la plus simple coule de ses paroles, de ses actions, de ses gestes eux-mêmes, d'une manière si naturelle et si aisée, qu'on sent qu'il y en a là, en son âme, une source en quelque sorte inépuisable, amassée par une vie entière d'union intime et habituelle avec Dieu. Si l'*Angelus* vient à sonner pendant la visite des médecins, il interrompt aussitôt la consultation : « Docteurs, saluons d'abord la Très Sainte Vierge. » S'il est besoin, pour administrer une potion ou faire prendre quelques aliments, de le tirer du sommeil, il suffit de lui souffler à l'oreille : « Nous allons prier, » et s'il dort plus profondément, on n'a qu'à dire à haute voix : « Au nom du Père, » aussitôt, il reprend et continue l'oraison commencée. Presque tous les jours, il faut le rassurer sur l'obligation du bréviaire et lui en renouveler la dispense ; il acquiesce d'ailleurs à la décision sans la moindre difficulté. S'il est quelquefois nécessaire de lui enlever pour un instant le chapelet, les médailles, le crucifix et le scapulaire qu'il porte au cou, il demande avec instance qu'on les lui replace au plus vite. Il tient sans cesse à la main droite son crucifix indulgencié, et le baise à chaque instant avec une indicible mais tranquille ferveur. En un mot, tout en lui est admirablement simple, et par là même, prodigieusement grand.

Une confiance absolue en Dieu et en Marie le soutient visiblement et dirige intimement toutes ses paroles, toutes ses actions. « Docteur, dit-il un jour, vous ne me guérirez pas seul, il faut que la Sainte

Vierge s'en mêle. » Un ami lui glisse à l'oreille que sans doute sa maladie est dans les desseins de Dieu, qu'elle sera profitable à ses œuvres. « Tout est providentiel. » répond-il d'un ton grave et pénétré. Chaque matin, avant d'aller dire sa messe, le prêtre qui l'assiste nuit et jour, avec un dévouement infatigable, lui demande ses commissions pour Notre-Seigneur et pour le saint dont on célèbre la fête ; sa réponse est invariablement la même : « Dites bien à Notre-Seigneur, accentuez fortement : Comme il voudra, quand il voudra : sa gloire et le salut des âmes avant tout. »

Une de ses craintes habituelles était de ne pas être assez édifiant durant sa maladie. Tous les soirs, il demande s'il n'aurait pas dit ou fait quelque chose qui pût même légèrement scandaliser. Quand on l'avait rassuré sur ce point : « Ah ! c'est que nous sommes prêtres, ajoute-t-il ; il faut faire bien attention. »

Que dirai-je de sa patience? Elle fut héroïque. Jamais un mot de plainte, malgré de violentes douleurs, surtout à certains moments. Si la souffrance se trahissait quelquefois par des crispations involontaires, et qu'on essayât de le consoler : « J'ai des nerfs, disait-il, dont je ne suis pas le maître. Et puis il faut bien un peu souffrir. » Il se plaignait presque d'être trop bien soigné : « Je suis vraiment gâté, on me fera faire du purgatoire. » Pendant deux jours, il cacha une plaie qui lui causait une vive et cuisante douleur, parce qu'elle aurait exigé des soins qui répugnaient à sa délicatesse. Les médecins finirent par la deviner et ne purent taire leur étonnement mêlé d'admiration. Il fallut en quelque sorte faire violence à son excessive pudeur, pour lui faire accepter, chaque jour, un pansement devenu tout à fait nécessaire. Mais s'il s'agissait de potions amères ou répugnantes, de l'application très douloureuse des sinapismes dont on le couvrait sans cesse, de toutes les autres prescriptions des médecins, jamais la moindre opposition, le plus léger signe de dégoût : il était le plus docile des malades.

L'humilité si franche et si simple, qui aura été peut-être le trait le plus caractéristique de sa vie privée, se révéla jusqu'au bout par les paroles et les actes les plus touchants. « Je ne mérite pas qu'on fasse tant pour moi, » répétait-il quand on lui racontait les manifestations sympathiques de la paroisse, l'illumination quotidienne de la Vierge, les neuvaines et les prières faites à son intention. Si on lui parlait de ses œuvres, il en faisait remonter toute la gloire aux généreux bienfaiteurs qui l'avaient aidé à les établir : « J'ai été un curé si favorisé, » disait-il. Il ne fallait pas s'aviser de lui dire une parole élogieuse : on était sûr de lui déplaire. Il se reprochait de n'avoir pas fait encore assez pour le salut des âmes, de n'avoir pas suffisamment travaillé au développement de la piété dans la paroisse, absorbé qu'il avait été si souvent par le soin des œuvres ; il s'était déjà proposé de s'y consacrer plus complètement s'il retrouvait un jour les forces et la santé (1). Il dit une fois : « J'aurai les mains bien vides quand j'arriverai devant le Souverain Juge. » Et comme son interlocuteur se récriait : « Eh bien ! oui, dit-il en étrei-

(1) Il ne faut pas prendre trop à la lettre cette sorte de regret. Je tiens moi-même de M. l'abbé Menestrel, — et l'on sait combien il était ennemi de l'exagération, combien il aimait peu à parler de lui — que la piété s'est très sensiblement accrue à Plombières pendant son administration. Les patronages de garçons et de filles ont considérablement augmenté le nombre de communions des jeunes gens. La communion du premier vendredi du mois a été sinon fondée, du moins très développée par son zèle, en même temps que la dévotion au Sacré-Cœur est devenue très florissante dans la paroisse. En réalité, cette parole signifie seulement que M. Menestrel, accablé d'occupations, et malgré toute sa bonne volonté, n'avait pas pu toujours donner à une certaine catégorie, restreinte mais intéressante, tous les soins que ces âmes désiraient ou qui leur auraient été utiles. Mais, même pour celles-là, comme pour les autres, il avait toujours fait beaucoup plus que l'essentiel.

gnant son crucifix, avec Celui-là, mes mains seront pleines. »

Il recommandait souvent pendant sa maladie de donner à tous les pauvres, s'informait s'il y avait assez d'argent pour satisfaire à leurs demandes, envoyait pour eux et pour les malades des secours aux sœurs de l'hospice. La charité pour les pauvres avait été une des vertus de toute sa vie, mais il la pratiquait avec beaucoup d'intelligence, et se laissait rarement surprendre par la fausse misère. Un jour que toute sa maison était absente, une personne le trouva en face d'un dîner plus que modeste, et comme celle-ci était assez libre avec lui pour lui en faire la remarque : « Voyez-vous, dit-il gaîment, si j'étais seul, il me faudrait fort peu de chose, presque rien qu'un morceau de pain : il me resterait davantage pour les pauvres. » Sa charité pour les personnes qui lui avaient fait de la peine, ne fut pas moins grande. Quoiqu'il n'ignorât rien de ce qui avait été tramé en secret contre ses œuvres, ses projets et lui-même, il regretta, quand il la connut, une exclusion qui avait été faite sans le consulter : « Il ne faudrait pourtant blesser personne, » dit-il doucement (1).

Pendant que toutes ces scènes se déroulaient au presbytère, les paroissiens et les amis du malade n'étaient pas inactifs. Tous les jours, à l'église, matin et soir, la paroisse était en prières. Les communions furent nombreuses, surtout à la Nativité de la Sainte Vierge (8 septembre). Ce jour fut l'un des meilleurs de la maladie et l'on conçut même une lueur d'espoir. Des messes ou des prières étaient dites à presque tous les grands sanctuaires de France, à Notre-Dame des Victoires, à Montmartre, à Mattaincourt, à Paray-le-

(1) Ce n'est que justice de nommer ici les docteurs Bottentuit, Daviller et Bernard, qui ont soigné M Menestrel dans sa dernière maladie avec un dévouement et une intelligence au-dessus de tout éloge.

Monial, par les soins de quelques-unes de ses ouailles ou d'amis presque inconnus, qui, ayant entrevu sa figure aimable et digne dans le cours d'une saison, en avaient gardé un souvenir ineffaçable. Averti à Lourdes de la gravité du mal, Mgr Foucault demandait des nouvelles du vénéré malade, priait et faisait prier à la grotte miraculeuse, par le pèlerinage alsacien-lorrain, Celle que l'abbé Menestrel aima tant toute sa vie. Le mieux apparent du 8 septembre lui ayant été annoncé, le prélat, à peine de retour à Saint-Dié, écrivit au malade lui-même : « Je suis heureux d'avoir reçu de meilleures nouvelles. J'irai vous en demander moi-même lundi et vous porter une bénédiction. » Hélas ! le moribond ne connut pas sur la terre cette délicate attention de son évêque : pendant que Monseigneur s'abandonnait à l'espérance, il rendait le dernier soupir.

L'abbé Menestrel était profondément reconnaissant de ces marques d'affection et de sympathie qui lui arrivaient de toutes parts, mais dont on lui cachait une partie, de peur de trop l'émotionner. Il témoigna en particulier combien il était sensible à la bonté de son évêque, et il voulut que des remerciements fussent adressés en son nom, du haut de la chaire, le dimanche 5 septembre, à tous ses paroissiens. Si tant de ferventes prières n'ont pu changer les desseins de la Providence, et garder sur la terre celui qu'elle a jugé mûr pour le ciel, elles lui auront obtenu au moins la grâce de la mort la plus sereine et la plus douce qu'il soit possible de rêver.

Chaque matin, après minuit, on apportait au malade la sainte communion. Comme il était à ce moment dans un état presque comateux, il fallait lui signaler l'approche de l'Eucharistie. C'était alors une aspiration, une avidité qui se traduisaient par des accents comme ceux-ci : « Oh ! quelle faveur ! quel bonheur ! » Sa préparation et son action de grâces consistaient surtout dans les actes du catéchisme, d'avant et d'après la communion; il fallait qu'on les récitât tout haut : « Ils expriment si bien, disait-il, les sentiments les plus agréables à Notre-Seigneur. » L'entrée de Jésus dans sa chambre était saluée, chaque fois, par cette invocation qui lui était familière, et qu'il suggérait fréquemment aux enfants de ses catéchismes. « Jésus, doux et humble de cœur, rendez mon cœur semblable au vôtre. » Le malade répondait lui-même à toutes les prières du rituel. Tout dans son attitude, dans la manière dont il traçait le signe de la croix, dont il se frappait la poitrine au *Confiteor,* au *Domine non sum dignus*, témoignait d'une foi, d'une piété et d'une confiance extraordinaires.

L'administration des derniers sacrements fut particulièrement émouvante. Ici, je laisse entièrement la parole à son digne et dévoué ami, M. l'abbé Blanpied : je me reprocherais de changer une syllabe à son récit si vivant et si saisissant.

« C'est particulièrement à l'occasion de la réception du saint Viatique et de l'Extrême-Onction, que les ardeurs de cette âme si pieuse se sont manifestées. Durant toute la nuit du jeudi au vendredi (3 septembre), certains symptômes nous semblant plus alarmants, nous crûmes devoir devancer l'administration des derniers sacrements, qui avait été décidée d'ailleurs pour le matin, alors que la paroisse serait en prière à l'église. Mais l'abattement était tel, que j'ai craint un instant de ne pas trouver chez le malade des dispositions assez actuelles, une intelligence assez vive, assez éveillée pour profiter pleinement des grâces ou des salutaires impressions de ce moment solennel. Or, à peine ai-je eu proposé la sainte communion en Viatique, que sa voix s'est ranimée pour me dire : « Oh ! tout de suite ! que vous êtes bon de me procurer de si grandes grâces ! on reconnaît là ses véritables amis. »

Aux prières de l'Eglise, aux invocations, aux sentiments suggérés, le cher malade répondait avec une piété qui se devine aisément. Les cérémonies accomplies, sans aucune provocation, avec une solennité, un accent indescriptible, le pasteur appelle la bénédiction de Dieu sur ses paroissiens d'abord : « Tous, tous, dites-le bien, sans exception, je les bénis, » puis sur son frère et sa sœur, sur tous ses amis, les bienfaiteurs et les coopérateurs de ses œuvres, sur ses séminaristes : « Que le bon Dieu, disait-il, les maintienne dans l'esprit de leur vocation ! » sur ses enfants des écoles et des catéchismes, sur ses religieux et ses religieuses. Et chaque fois qu'il avait nommé ceux-ci ou ceux-là, il élevait la main tenant le crucifix, et traçait lentement le signe de la croix.

« Le reste de la nuit a été relativement calme. Au matin, le cher ami, m'embrassant avec effusion, m'exprimait de nouveau sa reconnaissance de ce que je lui avais proposé et administré les sacrements. »

Après tous ces actes de piété, de foi et de ferveur qui clôturaient dignement une si admirable vie, Dieu jugea l'épreuve terrestre suffisante pour son fidèle serviteur. La belle âme de l'abbé Menestrel avait achevé sa dernière parure de purification et de sainteté : elle n'avait plus qu'à s'en aller demander au Juge suprême la couronne de justice mise en réserve, selon saint Paul, pour tous ceux qui ont « combattu le bon combat et gardé la foi. » Le matin du samedi 11 septembre, jour que la piété chrétienne consacre chaque semaine à la Sainte Vierge, dans l'octave même de sa Nativité, après une nuit plus abattue que de coutume, une nouvelle et dernière congestion se déclara, mais douce et faible comme le malade lui-même, et il entra définitivement en agonie. Les médecins vinrent encore essayer, à différentes reprises, des réactifs qui n'opérèrent aucun effet. Le dernier espoir auquel on se rattachait depuis deux semaines, non de le guérir, mais de le conserver pour quelque temps, s'évanouit entièrement, et la connaissance elle-même s'éteignit pour jamais. Le mourant reposait sur son lit, très calme, sans aucune secousse, sans nulle crispation, et n'eût été la respiration plus forte et moins régulière, on eût pu croire à un sommeil. L'agonie conserva jusqu'à la fin cet aspect de tranquille douceur qui frappa tous les assistants. Quelques prêtres et plusieurs personnes qu'on avait admises pour ce moment suprême, se tenaient près de son lit ou dans l'appartement voisin, pleurant et priant. Enfin, vers quatre heures de l'après-midi, l'abbé Menestrel rendit son âme à Dieu, sans secousse et sans effort, à l'âge de cinquante-un ans moins deux mois ; et un quart d'heure après, les cloches sonnant à toute volée, annonçaient à la paroisse et aux environs la perte immense, irréparable, que nous venions tous de faire.

IX

Les Funérailles. – Epilogue.

Au milieu du deuil qui enveloppait la ville, on apprit tout à coup que le premier pasteur du diocèse se disposait à venir prier aux pieds de la dépouille mortelle du curé défunt. Avec cette délicatesse dont il a le secret, Mgr Foucault ayant promis sa visite au malade pour le lundi 13 septembre, ne voulut pas manquer de parole envers le mort. Il croyait devoir ce témoignage exceptionnel à l'un des prêtres qui ont le plus honoré, en ce siècle, le diocèse de Saint-Dié, et à la paroisse qui avait su le comprendre et l'apprécier à sa valeur.

Mais quand il vit la douleur, la désolation universelles, quand on lui révéla les dernières dispositions du défunt, et particulièrement celle qui interdisait expressément tout éloge sur ses restes, le vénérable prélat se résolut à faire plus, et à assister aux funérailles solennelles, qui devaient se célébrer le lendemain mardi, fête de l'Exaltation de la sainte Croix : coïncidence bien remarquable, si l'on considère que ces funérailles furent effectivement, et peut-être plus encore par la force des choses que par la volonté des hommes, l'exaltation et le triomphe d'un prêtre qui, depuis plus de deux ans, était, lui aussi, sur la croix !

Pendant deux jours, le corps, revêtu des ornements sacerdotaux, fut exposé sur un lit de parade sobrement orné, et la population entière vint une dernière fois contempler ses traits graves et recueillis que la mort avait marqués de je ne sais quelle empreinte de grandeur. Ce défilé incessant s'accomplissait dans un ordre parfait; tout le monde s'agenouillait et priait; plusieurs voulaient baiser sa main, cette main consacrée du prêtre qui s'était levée tant de fois pour absoudre et pour bénir. On lui faisait toucher en quantité chapelets, médailles et autres objets de piété. Les enfants surtout ne pouvaient rassasier leurs yeux ; il fallut plus d'une fois les arracher du lit funèbre pour faire place à d'autres aussi avides qu'eux.

Les funérailles furent ce qu'on pouvait attendre d'une paroisse telle que Plombières, honorant une dernière fois un pasteur tel que l'abbé Menestrel. Presque toutes les familles étaient là, la tristesse peinte sur tous les visages, les larmes dans tous les yeux. Précédé des enfants accompagnés de leurs maitres et maitresses congréganistes et laïques, des congrégations de dames et de demoiselles, le cercueil, porté à bras par les hommes de la congrégation, était suivi par Mgr Foucault et par Mgr Larue, évêque de Langres, qui, se trouvant en saison, voulut donner cette grande marque d'estime au vénérable défunt, dont il avait connu les éminentes qualités. Venaient ensuite : la famille, les vicaires et les anciens vicaires, un nombreux clergé, le maire de la ville et celui des Granges-de-Plombières, les deux conseils municipaux, le conseil de Fabrique, la congrégation des hommes au grand complet, puis la foule immense déroulant le long des rues ses interminables anneaux et s'engouffrant dans la vaste église, devenue trop étroite pour la circonstance.

Après l'absoute, Mgr l'évêque de Saint-Dié se dirige vers la chaire ; le vénérable prélat est profondément ému, et c'est d'une voix pénétrante qu'il lit un admirable discours, écouté par l'immense auditoire avec une religieuse attention.

Ce morceau de haute éloquence appartient à l'histoire de M. l'abbé Menestrel. Je le reproduis avec d'autant plus de bonheur qu'il trace de l'incomparable curé, un portrait d'une justesse frappante.

« Mes bien chers Frères,

« Je pensais hier, selon ma promesse de ces derniers jours, apporter la joie d'une visite avec une nouvelle bénédiction à un malade bien-aimé. Je ne suis arrivé, hélas ! que pour mêler mes larmes aux vôtres et prier avec vous auprès d'une dépouille déjà refroidie. Celui que nous aimions nous a quittés : l'ouvrier a fini sa tâche ; l'heure de la récompense a sonné pour le fidèle serviteur. Dieu nous l'avait donné, Dieu nous l'a repris : que le nom du Seigneur soit béni !

« Aucune voix, mes Frères, ne s'élèvera dans cette chaire pour louer celui que vous pleurez. Votre admirable pasteur a fermé d'avance et mis pour ainsi dire sous les scellés les lèvres amies qui ne demanderaient qu'à s'ouvrir pour célébrer ses louanges et pour exprimer vos regrets. Qu'il souffre pourtant que son évêque refuse de s'incliner devant cette consigne rigoureuse. Il est vrai que je pourrais, mes Frères, lui accorder le silence que son humilité réclame. Cette imposante assistance, ces nombreuses communautés de vierges chrétiennes, ces belles confréries paroissiales, ce nombreux clergé réuni autour de l'évêque, comme pour mener un deuil diocésain, le vénérable évêque de Langres venant rendre hommage à la mémoire de votre regretté pasteur, cette paroisse enfin tout entière présente à des funérailles à la fois si douloureuses et si triomphantes, tout cela constitue une louange à nulle autre pareille et me dispenserait certainement de prendre la parole. Mais si la grande âme de votre pasteur répugne à nos éloges, peut-elle me refuser la satisfaction de vous remercier une dernière fois, en son nom et au mien, de la docilité pieuse, du généreux empressement avec lesquels vous avez répondu à la voix du pasteur qui vous conjurait de sanctifier vos âmes, aux coups de clairon du capitaine qui vous appelait au combat. Vous avez ainsi réjoui son âme sacerdotale; vous avez donné à son cœur la seule récompense que puisse ambitionner un cœur de prêtre sur la terre : la joie de voir ses conseils entendus, ses exemples suivis, son zèle couronné de succès, c'est-à-dire Dieu glorifié et les âmes sauvées.

« La gloire de Dieu et le salut des âmes, telles ont été, mes Frères, vous le savez aussi bien que moi, les deux grands mobiles qui ont dirigé toute la vie, occupé toutes les pensées, dicté toutes les paroles, réglé tous les actes de votre saint curé. A ces deux grandes causes il a tout sacrifié ; et, s'il ne les avait poursuivies avec une ardeur aussi infatigable, s'il n'en avait suivi les phases diverses avec d'aussi poignantes angoisses, il ne serait pas arrivé si tôt à la fin d'une carrière si noblement remplie. Mais il était de ceux qui donnent sans compter leur or et leur cœur, leur temps et leurs forces. Oui, il a donné tout cela avec une héroïque prodigalité, dans ses aumônes aux pauvres, dans ses visites aux malades, dans son dévouement aux œuvres de jeunesse, dans ses longues stations au tribunal de la pénitence, dans les veilles qu'il multipliait, hélas ! pour suffire à une tâche vraiment surhumaine.

« Apôtre convaincu, il a eu cette éloquence du cœur qui triomphe des âmes les plus rebelles, et cette fécondité des ressources qui répond à tous les besoins.

« Amant passionné de la justice et de la vérité, il a défendu tous les droits, il a exercé toutes les revendications, poursuivant son but avec une ténacité dans le vouloir qui n'a eu d'égale que sa loyauté dans l'emploi des moyens et sa charité envers les personnes.

« Toujours oublieux de lui-même, il n'a répondu à l'ingratitude que par le pardon ; et jamais il n'a permis en sa présence (le confident de ses dernières pensées me le disait hier) un seul mot de plainte ou de blâme contre ceux qui avaient trompé les espérances de sa confiante et sincère amitié.

« Une seule chose avait le don d'exaspérer son zèle ! c'était la vue des entreprises impies qui ont pour objet d'arracher au Christ l'âme des enfants. Aussi c'est pour protéger les timides agneaux de l'Eglise contre le loup ravisseur de l'enseignement neutre, que, par des efforts incessants, toujours si bien secondés par vous, mes Frères, il a conçu et mené à bien cette œuvre vraiment gigantesque de votre admirable groupe scolaire. Je n'essayerai point de redire ici toutes les péripéties de cette œuvre : d'abord parce que je ne vous apprendrais rien, à vous, mes Frères, qui en avez été plus que les témoins, puisque vous en êtes les complices ; ensuite parce que je ne veux pas faire frissonner dans sa tombe, par le récit de ses triomphes, celui qui en fut le héros. Qu'il me suffise de remarquer que le premier coup de la mort est venu l'atteindre au seuil même de ses écoles, comme sur le véritable champ de bataille de sa vie pastorale, et l'atteindre à l'heure même où le triomphe était assuré, comme si cette belle existence était désormais sans objet.

« Que l'ouvrier disparaisse donc, Seigneur, puisque telle est votre volonté ; mais l'œuvre vivra. Oui, l'œuvre vivra, mes Frères, par le dévouement des maîtres et maîtresses à leur haute mission, par le nombre toujours croissant des élèves qui nous seront confiés, par la générosité des bienfaiteurs qui nous continueront leurs sympathies et leurs sacrifices. L'œuvre vivra, non seulement par tant de concours qui lui sont assurés ici, mais surtout par les prières de celui qui la protégera de là-haut. L'œuvre vivra, et si jamais elle doit traverser des jours difficiles, la mémoire de celui qui en fut le bon génie soutiendra le courage de ceux qui en resteront les appuis.

« Mais vous, ô vous, qui en fûtes les adversaires, et qui, je le sais, confondez en ce moment vos regrets avec les nôtres, laissez-moi, en face de cette tombe, faire appel aux sentiments de foi, qui sont les vôtres, aux sentiments patriotiques dont vous êtes animés. Oui, laissez-moi vous dire : l'œuvre scolaire accomplie depuis vingt-cinq ans, en France et ailleurs, sur le mot d'ordre des sectes anti-chrétiennes, et sous le pavillon trompeur de la neutralité, est une œuvre mauvaise aussi préjudiciable à la patrie que condamnée par la religion. Partout le système a donné les résultats qu'on en devait attendre ; partout l'arbre a porté des fruits amers.

« Hélas ! en effet, depuis que le catéchisme a quitté nos écoles publiques, la criminalité s'est développée, en des proportions étranges, parmi les jeunes. Si ce n'est là qu'une coïncidence, elle est au moins digne de fixer l'attention des penseurs, des croyants, des patriotes.

« Nous estimons, nous, catholiques, que la source du fléau sera tarie, si l'on permet à Dieu, à l'enseignement chrétien, de reprendre à l'école la place qui n'aurait jamais dû lui être contestée. C'est pourquoi, au nom de la religion, au nom de la patrie, au nom de celui qui a consacré et consumé sa vie au service de l'instruction religieuse, je m'adresse à vous, mes Frères, aux hommes de cœur pour qu'ils usent de tout leur crédit, aux femmes chrétiennes pour qu'elles multiplient leurs prières, afin que Dieu cesse d'être exilé de l'enseignement officiel chez les nations catholiques, afin que le nom du Seigneur Jésus y soit béni et son Evangile enseigné, afin que maîtres et maîtresses, sous les livrées du siècle comme sous la robe des congréganistes, soient tous unis de cœur et de volonté dans une fraternelle et féconde émulation, et qu'ils travaillent de concert à la noble tâche de l'enseignement, avec une seule et même devise : Pour Dieu et pour la Patrie !

« La cause de l'enseignement chrétien et patriotique est gagnée dans cette paroisse, mes Frères, grâce au dévouement de votre curé pendant sa vie : puisse-t-elle être gagnée, partout et bientôt, par les mérites de sa mort !

« Quelle mort, en effet, que celle-là ! si nettement aperçue, si virilement envisagée, si chrétiennement acceptée; et combien enviable aussi, puisque ceux qui furent les témoins de cette douce agonie s'écriaient en pleurant : Oh ! que je voudrais mourir ainsi. Le secret en est bien simple, mes Frères : pour mourir aussi heureusement, vivons aussi saintement. Prenons-en, vous et moi, l'inébranlable résolution avant de nous séparer de celui qui fut pour vous, mes Frères, un guide, un modèle, un père ; pour ses confrères, l'ami le plus sûr et le plus dévoué ; pour son évêque, un collaborateur toujours et en toutes choses si hautement apprécié.

« Adieu donc, ou plutôt, au revoir dans un monde meilleur, ô bon et regretté doyen, ô prêtre selon le cœur de Dieu ! Dormez votre dernier sommeil à l'ombre de cette croix qui fut votre soutien au milieu du combat et votre espoir à l'heure de la récompense ; à l'ombre de cette croix, dont nous célébrons aujourd'hui (heureux présage !) la triomphante exaltation. Couchez-vous, fidèle serviteur, dans ce champ funèbre, et non loin de l'entrée, selon votre désir, pour que vos paroissiens, dites-vous, puissent plus facilement vous y apporter leurs prières, ou plutôt, ainsi que je le crois, pour qu'ils soient moins exposés, puisqu'ils passeront plus souvent devant votre tombe, à oublier vos leçons et vos exemples.

« On m'a dit qu'à votre heure suprême, votre main défaillante s'est levée une dernière fois pour bénir votre sœur qui pleurait à votre chevet, votre digne frère qui s'est voué aux lointaines missions de la Chine, les enfants de vos catéchismes toujours présents à votre pensée, les dévoués collaborateurs de vos œuvres, qui demandaient au ciel de ne pas les priver d'un pareil chef, tous vos paroissiens, amis ou adversaires également chers à votre grand cœur. Que Dieu, exauçant la prière de votre voix mourante, bénisse tous ceux que vous avez bénis, qu'il leur accorde ses meilleures grâces, qu'il daigne éclairer les uns et toucher les autres, soutenir les faibles et affermir les forts, afin que votre cher troupeau marche toujours dans les sentiers où vous l'avez conduit, et vous retrouve enfin, ô père bien-aimé, ô regretté pasteur, dans les félicités de l'éternelle vie.

« Ainsi soit-il! »

Au sortir de l'église, une vive émotion attendait tous les assistants. Le cortège devait passer devant le groupe des écoles chrétiennes, et c'était justice. Il semble que le vénéré pasteur n'eût pas été satisfait, si on ne lui avait pas fait visiter une dernière fois mort, le lieu du monde qu'il avait le plus aimé vivant, après la maison de Dieu et l'autel du sacrifice, le lieu où lui avait été donné, trois mois et demi auparavant, l'avertissement solennel qu'il avait si bien compris, et auquel il avait si courageusement, si religieusement répondu. A ce moment, les yeux se fixèrent sur une longue inscription qui courait au-dessus de l'entrée monumentale du préau de l'école Sainte-Elisabeth : « *Père, bénissez encore vos enfants*, » et l'on vit en effet les jeunes enfants de l'asile massés sur les degrés, qui tendaient leurs petites mains vers le cercueil de leur père bien-aimé. A ce moment, une émotion indescriptible s'empara de toute l'assistance, et je ne crois pas qu'il y eût un seul œil qui ne se soit mouillé de larmes.

Tout avait été dit sur le vénérable mort. Au cimetière, l'inhumation se fit au milieu d'un religieux et solennel silence; mais le recueillement général, les sanglots contenus disaient assez combien la foule sentait vivement la grandeur de l'homme dont les restes mortels étaient confiés à la terre, en attendant qu'elle les rende glorieux et transfigurés à la résurrection finale.

M. l'abbé Menestrel repose, selon le vœu de son humilité, dans un coin modeste du cimetière, mais très près de l'entrée, pour que les petits enfants qu'il a tant aimés puissent aller commodément prier sur cette tombe que la piété filiale de ses paroissiens vient de lui élever.

Sept mois plus tard, le 24 avril 1898, l'inauguration de ce monument attesta une fois de plus et la grande place que l'abbé Menestrel occupait à Plombières et la vitalité des sentiments que ses paroissiens lui ont voués. Par une délicate inspiration, M. l'abbé Metz, son digne successeur et son zélé continuateur, choisit pour cette émouvante cérémonie le jour où les hommes de Plombières célèbrent leur fête patronale et ont l'habitude de faire leurs pâques en commun. Après la grand'messe, une interminable procession de l'église au cimetière s'organisa pour ainsi dire toute seule; personne ne fit défaut, quoiqu'on n'ait pas eu le temps de rien disposer. Tous les hommes suivirent en groupes compacts et serrés, et c'est au milieu d'une foule énorme, émue comme au jour des funérailles, que M. le doyen accomplit les rites de la bénédiction.

Le monument, grave et austère comme la vie du défunt, se compose d'une pierre tombale en granit des Vosges, — heureux symbole de son indomptable fermeté, — surmontée d'une croix en fonte qui porte un magnifique Christ de Bouchardon, de grandeur naturelle. Entre les bras de la croix, ces simples mots qui peignent si bien l'esprit exclusivement surnaturel de M. l'abbé Menestrel : SPES UNICA. Sur la pierre, cette courte inscription :

L'ABBÉ EDMOND MENESTREL
1846-1897
CHANOINE HONORAIRE
CURÉ-DOYEN DE PLOMBIÈRES
DE 1875 A 1897.

—

SES PAROISSIENS RECONNAISSANTS.

—

In memoria æterna
erit justus.

—

Les amis et les admirateurs de M. l'abbé Menestrel n'ont pas voulu se contenter d'une tombe, et bientôt un magnifique buste en bronze, frappant de ressemblance, se dressera à l'entrée du groupe scolaire, au lieu même où le vaillant athlète reçut, le 28 mai 1897, le premier coup de la mort (1).

L'humilité du saint curé eût hautement répudié cet hommage plus encore que tous les autres rendus à sa mémoire. Mais on a cru pouvoir passer outre, en songeant que des honneurs exceptionnels semblaient dus à celui qui fut, par bien des côtés, un prêtre et un homme exceptionnels.

Quand on connut au dehors la mort de M. Menestrel, ce fut partout une explosion de regrets mêlée à un concert d'éloges tels qu'en obtiennent rarement les hommes les plus justement considérés.

(1) Le sculpteur est M. Thompsen, prix de Rome, auteur du monument grandiose qui doit s'élever à Bazeilles, en mémoire de la défense nationale.

D'un monceau de lettres que j'ai là sous les yeux, et où reviennent sans cesse les mêmes expressions, *saint et vénérable curé, bon, pieux, dévoué pasteur, perte irréparable, etc.*, je demande la permission de détacher un petit nombre de phrases et de témoignages :

Mgr Marchal, évêque de Sinope, qui fut son curé pendant huit ou neuf mois : « Je comprends la consternation de toute la paroisse, et tous ceux qui comme moi connaissent les qualités exceptionnelles de M. Menestrel la partagent. »

Un vicaire général : « Cette mort nous a contristés plus que je ne peux le dire. »

Un vicaire de Paris, son ami : « Quelle perte et quel deuil pour sa paroisse ! Mais quelle place vide il laisse au cœur de ses amis ! »

Un curé d'une grande paroisse de Paris : « J'ai été navré de la mort de votre vénérable doyen : c'était un homme de Dieu. Vous avez beaucoup perdu. »

Un curé de campagne de l'Yonne : « Pour moi qui ne l'ai vu que quelquefois, et très brièvement chaque fois, j'en garde un souvenir ineffaçable. Il suffisait de le voir une fois pour ressentir de son entretien ce quelque chose d'indéfinissable qui vous charme... »

Un avocat : « Je déplore avec vous la mort de ce saint prêtre dont la vie aura été si féconde et si utile, dont la perte laissera un vide irréparable non seulement dans sa paroisse, mais dans toute notre région. »

Une dame de la saison : « Je mêle ma profonde douleur à celle de toute la paroisse de Plombières, et je veux y joindre celle de bien des âmes qui, comme moi, ont reçu de ce saint prêtre un puissant secours pour les soutenir dans l'épreuve. Ces amies m'ont dit : Nous ne savons si les eaux de Plombières nous ont été favorables; mais, ce qui est certain, c'est le bien fait à nos âmes par le saint curé de cette station, et pour cela, nous souhaitons d'y revenir. »

Un colonel en retraite : « Vous n'avez pas douté de l'immense chagrin que m'a causé l'annonce de la mort du saint curé de Plombières. »

J'arrête là ces citations : il faudrait en remplir des pages entières.

Et maintenant, cher et bon doyen, vénéré maitre, dormez en paix votre dernier sommeil, aux pieds du Christ que vous avez si généreusement servi, et qui étend ses bras protecteurs au-dessus de vous, comme pour vous bénir encore dans la mort, vous et toutes les rebis fidèles qui reposent à vos côtés.

Si vous aviez vécu vingt ans de plus en accordant à votre frêle santé quelques-uns des ménagements qu'elle réclamait, et que vous lui avez toujours si impitoyablement refusés, auriez-vous travaillé davantage, opéré plus de bien ? Non, car vous faisiez des journées doubles, et vous avez accompli dans votre carrière pastorale de vingt-deux ans, les œuvres d'un demi-siècle. Il est bon de mourir ainsi, quand on a tracé tout son sillon, quand on a semé à pleines mains autour de soi la parole de Dieu, la vérité et la vertu, quand on a usé littéralement sa vie au service des âmes et pour la gloire de Dieu, quand on laisse après soi les plus grands exemples de fermeté indomptable et d'invincible énergie.

Ces exemples, je l'espère, ne seront perdus ni pour vos paroissiens ni pour nous-mêmes, qui avons souvent vécu de votre vie, pris part à vos peines et à vos joies, qui avons été les témoins presque quotidiens de vos admirables vertus.

Dans ce siècle où les plus lâches abandons, les capitulations les plus honteuses sont à l'ordre du jour, vous nous avez appris à aimer uniquement la justice et à haïr l'iniquité. Vous nous avez instruits à ne pas craindre la violence toujours éphémère, et à dédaigner les attaques d'autant moins redoutables qu'elles sont plus passionnées. Vous nous avez enseigné la tactique des saints combats, et si, comme vous le compreniez vous-même, celle-ci se modifie selon la configuration du terrain et les moyens d'action dont dispose l'ennemi, le soldat de Dieu ne faillira pas à son devoir, soit que comme vous il se précipite dans la mêlée, son drapeau à la main, soit qu'il se tienne dans ses lignes de défense, prêt à repousser tous les assauts.

Quant à vous, mort en pleine bataille, enseveli dans votre triomphe, vous vivrez d'une vie immortelle dans ces œuvres qui sont toutes vôtres, parce que vous y avez mis ce qui vaut mieux que l'or, vos sueurs, vos dévouements, votre vie. Quoi qu'on fasse, elles sont durables, elles sont indestructibles. Elles renaîtraient infailliblement de leurs ruines, si une tempête violente venait à les renverser, comme renaît toujours tôt ou tard ce qui est le travail des saints sur un sol catholique. Elles perpétueront votre nom et votre mémoire dans ce pays de Plombières, qui, grâce à vous surtout, restera toujours un pays chrétien. Elles vous suivront au-delà de la tombe pour chanter votre gloire devant les hommes et pour attester vos mérites devant Dieu : *Opera enim illorum sequuntur illos.*

APPENDICE

Discours lu par M. l'abbé Menestrel, curé de Plombières, le mardi 17 août 1897, à la distribution des prix des deux écoles Saint-Augustin et Sainte-Elisabeth.

MESSEIGNEURS, MESDAMES ET MESSIEURS,

En vous demandant, Messeigneurs, la permission de prendre la parole en cette circonstance, j'avais un double but : celui d'abord de remercier Vos Grandeurs de l'honneur si précieux qu'elles nous font de présider cette première réunion plénière de nos écoles chrétiennes.

Nous nous souvenons encore avec une douce émotion, après quatorze ans, que lors de la première distribution des prix de l'école Saint-Augustin, la Providence nous envoyait pour en rehausser l'éclat, un futur prince de l'Eglise, Son Eminence le cardinal Vannutelli.

A celle-ci, où pour la première fois que nos deux écoles sont réunies, elle a permis que deux évêques fussent là, — il en fallait un pour chacune, — l'un le premier et vénéré guide de mes débuts dans la vie sacerdotale (1), l'autre dont la patrie et l'Eglise ont honoré successivement l'incomparable et multiple dévouement (2).

(1) Mgr Aug. Marchal, évêque de Sinope.
(2) Mgr Potron, évêque de Jéricho.

En prenant la parole, j'avais encore une autre intention, celle d'inviter votre sympathique assistance tout entière à partager ma grande joie et à bénir Dieu avec moi d'avoir enfin rassemblé sous mes yeux tous les enfants, tous les petits agneaux de Plombières, dans un double et sûr bercail.

Il est dit dans nos saints Livres : « Si Dieu lui-même ne construit la maison, c'est en vain que travaillent ceux qui cherchent à l'élever. »

Mais il n'est pas moins également vrai de dire que si Dieu daigne se faire au contraire le collaborateur de ses humbles serviteurs, aussitôt la maison s'élève, et la bénédiction se répand sur ceux qui l'habitent.

Or, il semble bien que c'est ainsi que les choses se sont passées et se passent encore ici.

C'est parce que Dieu a suscité les plus nobles dévouements, que les bâtiments qui couvrent cette terre bénie sont sortis de terre comme par enchantement, et qu'aussitôt une multitude d'enfants sont venus les peupler.

C'est parce que Dieu veille paternellement sur ces œuvres que, dès l'heure où nos bonnes Sœurs ont dû transporter leur tente en ces lieux, et vivre au jour le jour de la charité, le pain de chaque jour est arrivé sur leurs tables apporté par mille mains bienfaisantes.

C'est enfin pour le même motif qu'a surgi en ces derniers jours un magnifique mouvement de générosité, amenant à l'école Sainte-Elisabeth de nombreuses dames et demoiselles patronnesses qui, comme des messagères de Dieu, accourent dire à nos bonnes religieuses : Nous acquitterons pour tous les enfants peu fortunés la rétribution scolaire d'autrefois, et ainsi le pain que vous avez aujourd'hui, vous l'aurez encore demain, sans que parents et enfants en souffrent ; il ne vous manquera point, pas plus que notre aide sous toutes les formes, pour vos enfants déshérités.

Oui donc, nous avons grande raison de dire : Dieu soit loué ! En même temps, quel encouragement pour nos excellents Frères de Marie et nos bonnes Sœurs de Saint-Charles dans leur laborieuse et difficile mission, que cette protection visible, tangible, de la sainte Providence !

Voici maintenant, mes Frères et mes Sœurs, remise entre vos mains l'innombrable famille de nos enfants, ce que Plombières et son pasteur ont de plus cher.

Nous avons eu, nous, à construire des maisons, à mettre des pierres sur des pierres, — Dieu a été avec nous — ; vous avez, vous, à construire en chacun de vos enfants un édifice d'éducation, de formation chrétienne, à préparer en chacun d'eux un temple pour Dieu, à faire d'eux en même temps des hommes pour la France. Ayez confiance, Dieu sera également avec vous.

Il y sera parce que vous serez vous-mêmes, au cours des labeurs sans cesse renouvelés de votre belle vocation, tout entiers avec lui, parce que chaque jour vous appellerez à votre aide ce divin collaborateur et la sainte Mère de Jésus, la Vierge Marie.

En attendant, laissez-moi, après avoir béni Dieu et remercié publiquement tous ceux qui nous ont aidés, laissez-moi, dis-je, prier Nosseigneurs les Evêques de bénir en son nom nos chers enfants et avec eux leurs bons parents, tous nos bienfaiteurs et toutes nos bienfaitrices. En vérité, s'il est vrai, le beau vers du poète :

On n'a droit au bonheur qu'en se faisant bénir.

il en est beaucoup ici qui méritent d'être heureux.

Dieu leur donne le bonheur à tous, selon notre plus cher désir, et maintenant et plus tard !

TABLE DES MATIÈRES

Abbeville. — Imprimerie C. Paillart.

www.ingramcontent.com/pod-product-compliance
Ingram Content Group UK Ltd.
Pitfield, Milton Keynes, MK11 3LW, UK
UKHW021150260726
13994UKWH00001B/380

9 782329 343662